Laissons Faire
revue mensuelle de l'Institut Coppet

<u>Rédacteur en chef</u> : Benoît Malbranque

<u>Comité d'honneur</u> :

Christian Michel, entrepreneur, essayiste, président de Libertarian International, directeur de l'International Society for Individual Liberty (ISIL)

Robert Leroux, docteur en sciences sociales, professeur à l'Université d'Ottawa.

Gérard Minart, journaliste et essayiste, ancien rédacteur en chef à La Voix du Nord. Auteur de biographies de F. Bastiat, J.-B. Say, G. de Molinari et J. Rueff.

David Hart, historien des idées, directeur du projet Online Library of Liberty (OLL) pour le Liberty Fund à Indianapolis aux USA.

Mathieu Laine, entrepreneur, éditorialiste au Point et au Figaro, professeur affilié à Sciences-Po.

Philippe Nemo, professeur de philosophie politique et sociale à l'ESCP-Europe (École Supérieure de Commerce de Paris), essayiste et historien des idées politiques.

Alain Laurent, philosophe, essayiste et directeur des collections « Bibliothèque classique de la liberté » et « Penseurs de la liberté » aux éditions des Belles Lettres.

Frédéric Sautet, docteur en économie, ancien professeur à New York University et à George Mason, il enseigne désormais à la Catholic University of America.

Emmanuel Martin, docteur en économie, responsable du projet d'Atlas network « Libre Afrique » et directeur de l'Institute for Economic Studies – Europe (IES).

Guido Hülsmann, docteur en économie, professeur à l'université d'Angers et Senior Fellow au Mises Institute à Auburn (USA).

Cécile Philippe, docteur en économie, directrice de l'Institut économique Molinari.

Henri Lepage, membre de la Société du Mont-Pèlerin, fondateur de l'Institut Turgot.

Thierry Afschrift, spécialiste de droit fiscal, avocat au Barreau de Bruxelles, Anvers et Madrid, et professeur ordinaire à l'Université Libre de Bruxelles.

Laissons Faire

Publication mensuelle de l'Institut Coppet

www.institutcoppet.org

39ème Numéro ~ Novembre 2021

Sommaire :

ÉTUDES	Les Les inspirations libérales d'Émile Zola dans *Germinal*, par Benoît Malbranque	5
TEXTES	Les bienfaits de la concurrence en matière de religion, par Henri Basnage de Beauval (1684)	33
	Changements opérés dans le climat par les défrichements, par Volney (1803)	38
RECENSION	Christian Cheminade, *Noblesse commerçante contre noblesse militaire. Une querelle des Lumières (1756-1759)*, éditions Classiques Garnier, septembre 2021, 372 pages.	40

Les inspirations libérales d'Émile Zola dans *Germinal*

« Ce roman m'a donné beaucoup de mal,
et je crains qu'il ne soit guère compris. »[1]

Germinal (1885)[2], pur roman du socialisme dans sa période d'exaltation et de mode, reste aussi, et comme on le sait moins, fortement teinté par les diverses lectures libérales entreprises par Zola pour se documenter et s'instruire et par conséquent par le mouvement d'idées porté par les économistes libéraux français du temps.

La place des auteurs libéraux dans *Germinal* est double : d'un côté, ce sont les travaux de l'un d'entre eux, Yves Guyot, qui mettent Zola sur la piste d'un roman consacré aux mines, qu'il n'avait pas d'abord projeté ; d'un autre, les libéraux comme Leroy-Beaulieu passent dans le roman, d'une manière plus ou moins voilée, à travers les emprunts directs que le romancier fait à leurs travaux, qu'il a consulté et largement annoté en préparant son livre.

En ce qui concerne la conception, il faut se rappeler que les premiers plans dressés par Zola pour sa grande fresque sociale et historique des Rougon-Macquart n'intégraient pas l'épisode des mines et de la grève. C'est à la suite des évènements de la Commune, en 1870, qu'il commença à imaginer de nouveaux cadres, un ou plusieurs romans ouvriers, comme sera *l'Assommoir* (1877), quoique sans tout de suite imaginer le décor des mines. La révélation lui fut faite en plusieurs étapes, dans un mouvement où l'économiste libéral Yves Guyot joua un rôle majeur. L'histoire même peut bien avoir eu de l'influence : il est vrai que de 1878 à 1884, de nombreuses grèves éclatèrent, à Anzin, Denain, ou Montceau-les-Mines[3] et projetèrent ce monde du travail souterrain dans l'actualité. Ces faits s'imposèrent semble-t-il aux bons esprits, mais il ne paraît pas qu'ils aient été suffisants dans le cas de Zola. Déjà auparavant, des grèves minières célèbres avaient eu lieu, en 1866, et le plan de 1869 fourni à l'éditeur Lacroix n'en omettait pas moins complètement les ouvriers mineurs, Zola leur préférant pour

---

[1] Lettre d'Émile Zola à J. Van Stanten Kolff, 8 décembre 1884 ; *Correspondance*, Presses de l'Université de Montréal, 1985, tome V, p. 196

[2] *Germinal* fut publié en feuilleton dans le *Gil Blas* à partir du 26 novembre 1884. Il parut ensuite sous forme de volume en mars 1885. Le roman connut le succès qu'on sait. — Un quart de siècle plus tard, ce treizième épisode de l'histoire naturelle et sociale des Rougon-Macquart s'était déjà écoulé à plus de 100 000 exemplaires.

[3] Anzin est l'inspiration première, mais le cadre historique de Montceau-les-Mines aussi fait des apparitions remarquées, la première pour inspirer le nom de la ville de Montsou, inventé par Zola.

l'heure un premier roman populaire consacré au travailleur parisien.[1] De même en 1878, les grèves, qui créent la sensation, et qui sont étudiées par son ami Yves Guyot, ne le mettent pas encore sur la voie. En cette année 1878, en effet, Yves Guyot, collègue et ami personnel, avait rendu compte de la grève d'Anzin dans le journal *Le Voltaire*, auquel Zola collaborait.[2] Celui-ci en fit même le thème d'un roman, qui devint comme un essai d'apprentissage indirect pour Zola : ce fut *l'Enfer social* (1883)[3].

Au-delà de la concordance des dates, l'étude de l'influence de Guyot sur Zola paraît digne d'être explorée pour une autre raison, à savoir leur proximité et leur amitié, qui est de l'ordre du prouvé. Les relations entre les deux hommes remontent à loin. Zola avait collaboré au *Rappel*, en 1869, où travaillait aussi Guyot. Il fut encore aussi le critique dramatique du journal *Le Bien Public*, à partir de 1876, auquel Guyot participait activement. C'est dans le *Bien Public*, en 1876, qu'à côté d'articles de Guyot fut publié, en feuilleton, le roman *L'Assommoir*.

Pour cette même année 1876, nous disposons d'une trace tangible de leur relation avec cette lettre, datée du 26 mars, et dans laquelle on lit : « Comme j'espère bien que nous entretiendrons de longues relations ensemble et qu'il est bon que nous nous connaissions réciproquement, je vous envoie une petite plaquette que j'ai publiée il y a deux ans, intitulée : *Les lieux communs*. »[4] Zola et Guyot maintinrent une correspondance amicale de 1876 à 1884, date de l'écriture de *Germinal*. Dans cette correspondance, l'envoi des nouveaux ouvrages publiés par l'un et par l'autre tint une grande place, ce qui solidifie encore les rapprochements que l'on peut opérer entre leurs écrits. Notons pour finir la chronologie que Zola collabora au *Voltaire* de sa fondation en 1878 jusqu'au mois d'août 1880, c'est-à-dire qu'il comptait parmi les rédacteurs au moment des études sur la grève minière d'Anzin.

Ce n'est pourtant qu'en 1883 que Zola mit son roman sur la mine à l'ordre du jour. En effet, l'année précédente, il annonçait à son éditeur un deuxième roman ouvrier sur un thème tout autre. Celui-ci parlait de l'avenir de la série romancière de Zola dans ces termes : « L'auteur des Rougon-Macquart fera un second roman sur le peuple. *L'Assommoir* décrit les mœurs de l'ouvrier, il reste à étudier sa vie sociale et politique. Les réunions publiques, ce qu'on entend par la question sociale, les aspirations et les utopies du prolétariat y seront analysées. »[5] Il n'est donc question, pour le moment, ni de grève, ni de mines.

---

[1] « Premier plan remis à l'éditeur » et « Liste des romans » dans *La fortune des Rougon*, édition Bernouard, Paris, 1927, p. 357 et suiv.

[2] Les articles parurent dans *Le Voltaire* du 20 au 26 juillet 1878. Ils ont été republiés dans les *Cahiers naturalistes*, n°41, 1971, p. 96-112.

[3] *La Famille Pichot. Scènes de l'Enfer social*, par Yves Guyot (1883).
Auparavant était paru aussi *Sans famille* par Hector Malot (1878), dans lequel on retrouve quelques scènes communes à tous les romans miniers : la première descente dans la mine, occasion de description du monde du travail souterrain ; l'accident minier, le « rappel des mineurs », les ouvriers coincés au fond avec de l'eau jusqu'aux genoux et qui pour tromper la faim se mettent à manger du bois ou du cuir ; enfin le sauvetage dans l'angoisse générale. Ces similarités n'ont pas convaincu Ida-Marie Frandon qui écrit dans son étude comparative : « *Germinal* n'a pas emprunté à *Sans Famille* : les deux auteurs ont puisé à une même source, un livre de vulgarisation technique intelligente, dont ils ne sont pas les seuls romanciers à s'être inspirés », à savoir *La vie souterraine ou les mines et les mineurs* de Louis-Laurent Simonin (1867). (Ida-Marie Frandon, *Autour de « Germinal ». La mine et les mineurs*, Genève, E. Droz, 1955, p. 18)

[4] Lettre d'Yves Guyot à Émile Zola, 26 mars 1876 ; Bibliothèque nationale, Ms. 24 519, tome X, f° 455.

[5] Document cité dans *Germinal*, édition Pléiade, t. III, p. 1824.

En 1883, année durant laquelle Guyot publia son roman ouvrier sur les mines, Zola comprit qu'il y avait là une matière intéressante pour son deuxième roman ouvrier et il modifia ses plans en conséquences. Comme nous le verrons plus loin, il utilisa l'expérience passée du roman de Guyot pour corriger ce qui lui semblait maladroit et reprendre ce qui fonctionnait.

À la suite de cette première prise de conscience, qui est à la base de la préhistoire de *Germinal*, Zola ressentit la nécessité de compléter ses connaissances préparatoires par une série de lectures, dont de nombreux autres économistes libéraux, qui devaient lui expliquer la nature du socialisme, les causes des crises économiques ou la condition des ouvriers. Ceci nous donnera plus loin la matière de nombreux commentaires.

Terminons en disant qu'après ces lectures, Zola se rendit sur place pour compléter ce savoir théorique et qu'enfin, la tête pleine de bagages, il se mit à l'écriture.

Car c'est ainsi que Zola fonctionnait pour écrire ses romans : par l'étude des milieux, l'étude des faits, longuement ruminée, avant un accouchement rapide et propre. « Voici comment je fais un roman, expliquait-il un jour. Je ne le fais pas précisément, je le laisse se faire lui-même. Je ne sais pas inventer des faits : ce genre d'imagination me manque absolument. Si je me mets à ma table pour chercher une intrigue, un canevas quelconque de roman, j'y reste trois jours à me creuser la cervelle, la tête dans les mains, j'y perds mon latin et je n'arrive à rien. »[1] C'est après un travail d'étude et de réflexion, de lent développement interne du sujet et des personnages, qu'il se trouvait prêt pour livrer sa pensée et son roman. Alors « je m'y mets tranquillement, méthodiquement, montre en main. J'écris chaque jour un peu, trois pages d'impression, pas une ligne de plus, et le matin seulement. J'écris presque sans ratures, parce qu'il y a des mois que je rumine tout ; et, dès que j'ai écrit, je mets les pages de côté et je ne les revois plus qu'imprimées. Je puis calculer infailliblement le jour où j'aurai fini. »[2] Là encore la méthode d'écriture particulière à Zola nous suggère l'utilité d'une enquête sur les sources.

L'inspiration d'Yves Guyot telle que révélée par la chronologie

La chronologie détaillée des quelques mois qui précédèrent la retraite solitaire de Zola pour l'écriture finale de ce qui deviendra *Germinal*, nous enseignent de manière éclatante la place privilégiée d'Yves Guyot et de son roman minier.

Nous sommes en janvier 1884, Zola a arrêté son choix sur les mines pour son prochain roman ouvrier. Il croit nécessaire d'envoyer à ce sujet une lettre à Yves Guyot, qui lui permet d'avouer d'emblée qu'il marchera sur les mêmes pas et donc de ne pas laisser à son ami une mauvaise surprise ultérieure. C'est d'ailleurs l'objet des premiers mots : « Je vais prendre pour sujet de mon prochain roman une grève dans une mine de houille. Cela me permettra d'étudier dramatiquement toute la question sociale actuelle. »[3] La lettre est encore l'occasion pour Zola de demander à Guyot de l'introduire auprès d'un député qui connaisse le local et puisse l'aider. C'est ce qui sera fait, et le

---

[1] Confidences de Zola fournies à Ermondo de Amicis et publiées par lui dans *Souvenirs de Paris et de Londres*, Paris, 1880, p. 192
[2] *Ibid.*, p. 196.
[3] *Correspondance*, t. XI, Lettres retrouvées, Presses de l'Université de Montréal, 2010, p. 170

mois suivant le romancier effectua un voyage d'étude avec le député socialiste du Nord Alfred Giard.

Nullement contrarié de voir Zola reprendre à son compte le même sujet que lui, Guyot se plaça délibérément à sa disposition pour une rencontre, afin de lui fournir aide et conseils. Zola accepta volontiers le geste et il écrivit à son ami : « J'irai vous voir jeudi 4 heures et demie ». [1] Le lendemain, nouvelle lettre où Guyot précise son ouverture : « Je suis tout à votre disposition. Tous ces jours-ci je ne sors pas. Si quelque événement imprévu m'obligeait de sortir, je vous préviendrais. » [2] La nature et la teneur de cet ou de ces entretiens entre Zola et Guyot nous est révélée par les « Notes Guyot », manuscrit où le romancier inscrit les leçons qu'il en a tiré.

Cette entrevue est très importante puisqu'elle intervient avant la visite de Zola dans les mines (23 février 1884). C'est Guyot qui introduit Zola dans le monde des mines, c'est lui qui lui en donne les premières représentations et qui guide son esprit encore peu connaisseur des réalités de l'ouvrier mineur, en suivant la pente de ses propres représentations.

Il est vraisemblable que lors de cet entretien Guyot donna aussi ses articles du *Voltaire* à Zola, car le 17 février, le premier écrivit au second pour le remercier de l'envoi de *La Joie de vivre* ainsi que de lui « avoir retourné les articles du *Voltaire*. » [3]

Après ces rapports personnels avec Guyot, Zola utilisa le mois de février pour des lectures complémentaires, dont plusieurs recommandées directement par Guyot, et pour la préparation du voyage à Anzin. Celui-ci eut lieu du 23 février au 4 mars 1884. Les notes sur Anzin, qui en ont découlé, apportèrent au romancier un complément de description. Il visita les corons et descendit dans la fosse, ce qui lui donna toute une masse de faits et des ressentis précieux, comme l'angoisse de la première descente au fond ou les grands écarts de températures dans les fosses.

De mars à avril 1884, nous retrouvons nos libéraux, cette fois-ci à l'occasion du deuxième travail complémentaire de documentation, où sont étudiés et annotés les ouvrages de Guyot (*La science économique*), Paul Leroy-Beaulieu (*La question ouvrière au XIXe siècle*), Émile de Laveleye (*Le Socialisme contemporain*), auquel peut se joindre le nom de Jules Simon (*L'Ouvrière*) quoique sur ce dernier nous ne disposions pas de nos écrites.

Enfin *Germinal* était prêt à sortir de terre. Du 2 avril 1884 au 23 janvier 1885 Zola s'employa à la rédaction finale du roman.

Dans la suite de cette étude, nous allons étudier chacune de ces influences libérales sur le *Germinal* de Zola.

Le reportage d'Yves Guyot sur les mines (1878)

Ainsi que nous l'avons déjà expliqué, Yves Guyot publia une série d'études sur les mines et les ouvriers mineurs, à l'occasion de la grève d'Anzin, en juillet 1878, et ce dans le journal *Le Voltaire*, auquel Zola collaborait.

Ces travaux de reportage et de journalisme, à l'étendue limitée, ont tout de même laissé une trace dans *Germinal*. Zola s'inspire des remarques visuelles sur la terre des

---

[1] Lettre du 21 janvier 1884 ; *Ibid., Correspondance*, t. X p. 108.
[2] Lettre du 22 janvier 1884 ; Bibliothèque nationale, Ms. 24 519, tome X, f° 475.
[3] NAF 24519, f° 476. — Le dossier préparatoire de Zola pour *Germinal*, qui comprend deux volumes, est conservé à la Bibliothèque nationale : Département des manuscrits (Ms.), Nouvelles acquisitions française (NAF), cotes 10307 et 10308. Dans ce travail nous simplifions en NAF 10307 et NAF 10308.

houilles pour la scène d'ouverture, décrivant le pays minier. Ils donnèrent encore à Zola des faits, comme la fréquence des accidents miniers, la courbature du col des mineurs travaillant dans les tailles, ou une explication du marchandage, tous points que Zola a noté consciencieusement dans ses brouillons.

Guyot signalait encore dans ses articles qu'un des griefs des ouvriers était le long temps d'attente en bas de la fosse, une fois le travail fini, les ouvriers se retrouvant là, glacés par le froid et en sueur, avant de remonter. Zola se servit de ce fait et quand sonna pour Étienne l'heure de remonter, il plaça cette attente terrible. « Il y avait déjà là une cinquantaine d'hommes, mouillés et grelottants, sous les fluxions de poitrine qui soufflaient de partout. »[1]

Entre modèle et contre-modèle, le roman d'Yves Guyot (1883)

Le roman d'Yves Guyot, *La famille Pichot. Scènes de l'Enfer social* (1883) a en grande partie donné le ton à l'effort de Zola dans *Germinal*. Ce roman fut écrit dès 1873, à une période où Guyot était déjà un adversaire du socialisme utopique, mais où il était aussi un auteur à la grande fibre sociale. La nature de son influence fut donc plutôt de l'ordre du factuel ou en donnant des idées sur la manière de faire sentir l'injustice de certaines inégalités économiques. Si dans la suite de sa carrière, son opposition au socialisme et au syndicalisme ira s'accentuant, Guyot ne doit pas être compté au nombre des auteurs qui apportèrent à *Germinal* sa touche de critique du socialisme et du syndicalisme et sur ces deux derniers sujets ce sont les noms de Leroy-Beaulieu et de Laveleye que nous retrouverons plutôt.

L'influence de *l'Enfer social* sur *Germinal* est déjà perceptible dans le choix des vocabulaires, quoique tous ces choix n'aient pas passé jusqu'à la version finale du roman. Par exemple, « Sous terre », le titre de la première partie du roman d'Yves Guyot, figure parmi la liste des titres que Zola imaginait pour son livre.[2] Au-delà, reprenant l'image de l'enfer social, Zola fit de la mine un véritable enfer, où les éléments, le feu et l'eau notamment, se liguaient contre les mineurs. Dans les premiers épisodes du livre, Zola parle des nouvelles idées d'Étienne sur la mine, « depuis qu'il se trouvait au fond de cet *enfer* »[3] et en remontant, il est pris par la volonté de quitter ce métier terrible. « Dans la cage qui le remontait, tassé avec quatre autres, Étienne résolut de reprendre sa course affamée, le long des routes. Autant valait-il crever tout de suite que de redescendre au fond de cet *enfer*, pour n'y pas même gagner son pain. »[4] Dans la suite du roman, les termes enfer et infernal reviennent fréquemment.

Dès les premières pages du livre, deux éléments de similarité doivent aussi nous frapper. C'est d'abord la méthode de l'opposition de l'extrême pauvreté et de l'abondance, qui doit permettre de faire ressortir, sans parole ni plaidoyer, la profondeur des inégalités de situation.

---

[1] *Germinal*, édition LGF, Le livre de poche, p. 93 ; édition Pléiade, p. 1183.
[2] NAF 10308, f° 425-426.
[3] *Germinal*, édition LGF, Le livre de poche, p. 85 ; Pléiade, p. 1177
[4] *Germinal*, p. 94 ; Pléiade, p. 1184

Comme Guyot, Zola utilise le retour en arrière et l'opposition entre le monde du travail souterrain, celui des ouvriers, avec celui de l'aisance des patrons, d'une manière très caricaturale mais naturellement très frappante. Colette Becker, dans son introduction à *Germinal*, signale bien cette manière de procéder : « Les deux premières parties ne forment qu'une seule journée, écrit-elle : grâce à des retours en arrière, nous suivons pas à pas l'emploi du temps de tous les personnages, mineurs et bourgeois. Le triple recommencement de cette première journée permet d'opposer terme à terme, détail à détail, le monde du travail et celui du capital, et de souligner sans discours, par la seule force des faits, le fossé qui les sépare : il s'agit de deux mondes étrangers l'un à l'autre. »[1] Or Yves Guyot avait utilisé exactement le même procédé, la même opposition de l'un puis de l'autre monde. Après un premier chapitre au milieu des mineurs, on passe « Chez Fanny », selon le titre du deuxième chapitre, pour lire : « Le lendemain, vers neuf heures et demie, Fanny se trouvait dans la salle de bains, située dans le fond de son petit hôtel de la rue Saint-Lazare. »[2]

Le lever tardif de la jeune fille de la famille des directeurs est identique chez l'un et l'autre, il s'opère au milieu du même luxe, pour faire sentir le contraste entre la paresse luxueuse et le travail dans des conditions rudimentaires. D'un côté le lever tardif — neuf heures chez Zola, neuf et demie chez Guyot — de l'autre le lever matinal, dès six heures. Le même café de l'un et l'autre côté, mais chez les ouvriers on lui ajoute de l'eau, et on en ajoute encore quand on voit qu'il en manque. Les ouvriers partent en ayant encore faim et sans savoir ce qu'ils mangeront le soir ; la famille du directeur se repaît tranquillement de bonne brioche et de bon café.

Pour Zola cette mise en opposition était importante, et il la posa d'emblée dans ses premiers brouillons : « Je montrerai le Directeur chez lui, dans sa maison, dans son jardin. J'opposerai son intérieur, sa vie, ses plaisirs, son confort à mes ouvriers, à un intérieur, une vie, une misère d'ouvrier. »[3]

Zola fit aussi, comme Guyot, de son roman un récit marqué par les tonalités sombres, dans le récit par les drames, mais surtout par les évocations de couleur : le charbon domine les scènes de jour, et quand l'action se déroule à l'extérieur, l'auteur les place volontairement la nuit, pour ne jamais sortir de cet environnement noir qu'avec une neige qui la renforce même, en l'accentuant. La première page de *l'Enfer social* faisait état de cette noirceur. « Partout la lutte acharnée de l'homme contre la nature a gravé sa sombre empreinte. L'eau est noire. Les maisons sont noires ; et au milieu des noirs visages, on ne voit étinceler que la blancheur des dents et les éclairs des yeux. »[4] Dans *Germinal*, dès la première page, Étienne, le héros, avance de même dans une « nuit d'une obscurité et d'une épaisseur d'encre » et « au milieu de l'embrun aveuglant des ténèbres ». Avec un effet de redondance, Zola écrit : « devant lui, il ne voyait même pas le sol noir ».[5]

---

[1] *Germinal* édition LGF, Introduction, p. 19.
[2] *Enfer social*, p. 19
[3] NAF 10307, f° 404-405
[4] *Enfer social*, p. 3
[5] *Germinal*, p. 27 ; Pléiade, p. 1133

L'Enfer social et *Germinal* contiennent une catastrophe minière, moment fort du roman, autour duquel une grande partie de l'histoire s'articule, ou comme aboutissement, ou comme point de départ. Sur ce sujet, la place d'un même fait varie, signe d'un effort fait par Zola pour se démarquer. On remarque, à la lecture des premiers documents préparatoires, que Zola avait d'abord pensé suivre le séquençage du roman de Guyot, en faisant intervenir l'accident dans la mine dès le début. « Je puis débuter peut-être par le travail au fond de la mine, et un accident qui estropie le petit… Ce serait le premier chapitre… » [1] Mais plus loin, quand l'idée d'une catastrophe revient devant lui, sous la forme d'une inondation, il se repose la question du plan : « Où mettre cela ? Au milieu, je crois, avant ou après la bataille de la grève, de façon à opposer la violence barbare des mineurs à leur dévouement pour sauver leurs camarades. Je ne garderais au commencement, dans ce cas, que le petit accident d'où l'enfant sort estropié, un éboulement partiel au fond, ou autre chose. Cela me donne tout mon commencement. » [2] Et plus loin, il y revient : « Je puis encore mettre la catastrophe juste avant la grève, et faire naître celle-ci justement du coup porté à la compagnie qui veut se rattraper. » Mais l'idée finalement ne le convainc pas : « Non, cela est exceptionnel. Cela ne vaut rien non plus. La seule place où je puis la mettre est à la fin, et là encore elle gêne. Il faudra voir. » [3]

Finalement, dans *Germinal*, la catastrophe aura lieu à la fin. On y retrouve cependant encore quelques faits précis présents dans l'un et l'autre des romans : citons par exemple cette pratique de compter les lampes après l'accident dans la mine, pour connaître le nombre d'hommes bloqués au fond, ou encore la première réaction des femmes après l'accident : « Les noms ! Les noms », « Les noms ! les noms ! dites les noms », « les noms ! les noms ! de grâce les noms ! », dans *Germinal*, faisant écho aux inlassables « Qui ? Qui ? » en ouverture de *l'Enfer social*. [4]

Si l'un et l'autre des deux romans s'appesantissent sur l'immoralité des classes supérieures, Zola se démarque pourtant sensiblement de Guyot, qu'il considère avoir été trop caricatural.

À première vue, ils se rejoignent dans une même condamnation morale des classes dirigeantes, accusées de vivre dans le vice et dans une profusion coupable. Cette représentation, qui est partout dans *Germinal*, s'illustre aussi à maintes reprises dans *l'Enfer social*. Ainsi dans la maison familiale du directeur, au milieu du deuxième chapitre de Guyot, « les plats succédaient aux plats, les vins aux vins. Les têtes commençaient à s'échauffer, tout le monde parlait à la fois ; les œillades, les rires se croisaient. Il y avait même quelques mains qui s'égaraient. » [5] On sait que de même, dans *Germinal*, la luxure et la légèreté des mœurs sont présentées comme courantes parmi les directeurs et les classes supérieures. Zola l'entreprend cependant de manière plus feutrée et il s'en explique dans ses brouillons préparatoires : « Je pourrais faire que cet ingénieur couche avec la femme du directeur. En un mot, le joli serait de montrer la classe dirigeante, le capital, pourri, donnant le mauvais exemple… Mais tout cela bonhomme et ne sentant pas la haine démocratique. » Ces derniers mots illustrent cet important scrupule de Zola, qui veut s'écarter de Guyot, jugé trop extrême.

---

[1] NAF 10307, f° 414
[2] NAF 10307 f° 428
[3] NAF 10307 f° 429
[4] *Germinal*, p. 511-512 ; Pléiade, p. 1543 — *L'Enfer social*, p. 15
[5] *Enfer social*, p. 26

Au point de vue des idées, on retrouve encore des similarités importantes dans le traitement de la grève. Comme Guyot, Zola veut d'abord la faire servir à la revendication de la justice, du bon droit.

Dans le domaine du pictural, les deux romans transmettent une même image de la machine puissante et vorace, de la fosse dévorante. « Cette fosse, tassée au fond d'un creux, écrit Zola, avec ses constructions trapues de briques, dressant sa cheminée comme une corne menaçante, lui semblait avoir un air mauvais de bête goulue, accroupie là pour manger le monde. »[1] De même l'échappement de la pompe c'est « cette respiration grosse et longue, soufflant sans relâche, qui était comme l'haleine engorgée du monstre »[2] et quant aux puits, il « avalait des hommes par bouchées de vingt et de trente, et d'un coup de gosier si facile, qu'il semblait ne pas les sentir passer. »[3] « Pendant une demi-heure, le puits en dévora de la sorte, d'une gueule plus ou moins gloutonne, selon la profondeur de l'accrochage où ils descendaient, mais sans un arrêt, toujours affamé, de boyaux géants capables de digérer un peuple. »[4] Guyot évoque aussi la puissance énorme de l'industrie minière en utilisant ce même champ lexical.

On retrouve encore des ressemblances entre le chapitre sur l'« épicier obligatoire » dans *l'Enfer social* de Guyot et les développements sur Maigrat, l'épicier du coron, qu'on rend plus atroce en lui faisant refuser les prêts et en indiquant que dans les périodes difficiles les familles lui donnent librement leurs femmes et leurs filles pour avoir du pain. « C'était un fait connu : quand un mineur voulait une prolongation de crédit, il n'avait qu'à envoyer sa fille ou sa femme, laides ou belles, pourvu qu'elles fussent complaisantes. »[5]

La répression de la grève s'opère aussi de manière similaire chez Guyot et Zola. Frandon écrit d'ailleurs à ce sujet : « Les manifestations des grévistes, la répression de la grève se ressemblent beaucoup dans ces deux romans ; leurs auteurs ont utilisé des informations identiques : les événements antérieurs à leurs récits. Pourtant la présentation, l'ordonnance et l'interprétation psychologique des faits, si différentes qu'elles soient dans *Germinal* par leur ampleur, paraissent bien procéder de *L'Enfer Social*. La création de Zola part moins de la constatation du fait brut que d'une matière déjà élaborée. »[6]

Car Guyot et Zola avaient aussi des sources communes. Les deux auteurs se sont par exemple inspirés de *La vie souterraine ou les mines et les mineurs* de Louis-Laurent Simonin (1867) pour donner de la véracité technique à leur roman.[7] Aussi parfois les emprunts sont-ils croisés et s'opèrent-ils avec cette troisième source. De nombreux

---

[1] *Germinal*, p. 31 ; Pléiade, p. 1135
[2] *Germinal*, p. 31 ; Pléiade, p. 1136
[3] *Germinal*, p. 56 ; Pléiade, p. 1153
[4] *Germinal*, p. 57 ; Pléiade, p. 1154
[5] *Germinal*, p. 124 ; Pléiade, p. 1209
[6] Ida-Marie Frandon, *Autour de « Germinal ». La mine et les mineurs*, Genève, E. Droz, 1955, p. 74. — C'est la conclusion aussi de Pierre Moreau, « Le Germinal d'Yves Guyot », *Revue d'histoire littéraire de la France*, avril-juin 1954, p. 208-213.
[7] Frandon émet l'hypothèse que c'est peut-être Guyot, lors de son entretien avec Zola début 1884, qui a suggéré à celui-ci de lire Simonin. (Ida-Marie Frandon, *Autour de « Germinal ». La mine et les mineurs*, Genève, E. Droz, 1955, p. 62)

emprunts de cette sorte peuvent être relevés, comme par exemple la manière dont s'organise le sauvetage des mineurs emmurés, la nature de leurs angoisses et jusqu'à leurs paroles (« De la lumière ! De la lumière »), éléments parfaitement expliqués par Simonin et dans les mêmes termes. [1] À certains endroits, l'un et l'autre des romanciers emploient des formules tirées de ce livre : dans *Germinal*, on retrouve ainsi la phrase : « Tout entier, le Voreux venait de couler à l'abîme », qui répond à celle de Simonin : « Tout était peu à peu descendu dans l'abîme », et qui doit traduire l'effondrement de la mine lors du grand éboulement. [2]

En conclusion, Zola s'est inspiré du roman d'Yves Guyot de deux manières : la première, en lui empruntant des faits ou des procédés littéraires ; la seconde, en fournissant, en une sorte de contre-modèle, une illustration de quelques exagérations dont Zola voulait à tout prix se prémunir. Telle est d'ailleurs la conclusion de l'analyse comparative menée par Mme Frandon, qui note sur le roman de Guyot : « Les mérites d'Yves Guyot sont évidents : il a ouvert la voie ; il a exprimé le premier la grandeur tragique de ces destinées écrasées par le métier, l'organisation sociale, les souffrances matérielles et morales qui en résultent. Il a facilité sans doute l'élaboration de *Germinal* par ses suggestions comme par ses insuffisances. Il a pu être l'exemple de ce qu'il faut faire et de ce qu'il vaut mieux éviter. » [3]

Les travaux des économistes libéraux sur la condition ouvrière, le socialisme et les crises

Menée dans un second temps, la lecture des économistes libéraux a été très influente sur plusieurs des sujets traités par *Germinal*.

a) Yves Guyot et l'explication de la crise économique

Cela vaut d'abord pour l'explication de la crise industrielle, qui est l'arrière-plan, très fréquemment rappelé et déterminant pour la marche du récit, dans *Germinal*.

En tête de sa note manuscrite intitulée « Ma crise », on lit : « Il est entendu, sur les notes prises dans Guyot, que ma crise vient d'un excès de consommation. » [4] Et il continue : « Apogée de l'empire, beaucoup de chemins de fer construits, de ports creusés et de canaux, beaucoup d'affaires lancées, de maisons bâties, tous les capitaux lancés dans des spéculations, la folie de la spéculation, et alors capitaux immobilisés. » [5]

Zola avait lu attentivement le chapitre « Les crises commerciales » dans *La science économique* de Guyot (1881, p. 357 à 373). Très bon élève, il détaille le raisonnement qu'il y trouve :

---

[1] Simonin, *La vie souterraine*, p. 211-212.
[2] Simonin, *La vie souterraine*, p. 254
[3] Ida-Marie Frandon, *Autour de « Germinal ». La mine et les mineurs*, Genève, E. Droz, 1955, p. 76
[4] NAF 10308, f° 326
[5] NAF 10308, f° 326

> « Avant les crises, grandes prospérités, entreprises et spéculations, hausse du prix des terres, des maisons, demande des ouvriers, hausse des salaires, crédulité du public, goût du jeu. »
>
> « Toute crise suit une apogée de travail. On a trop consommé, on a trop usé son pouvoir d'achat et les transactions ne peuvent plus se faire. Ainsi, l'empire est à son apogée, chemins de fer, maisons bâties, spéculations lancées ; et il arrive qu'il faut du temps, beaucoup de temps pour rentrer dans le capital risqué : donc arrêt dans l'échange et stagnation des affaires ; il faut attendre que le capital à dépenser se reconstitue. »[1]

Et plus loin :

> « Avant la crise, industries très vives, travaux publics, capitaux dans des sociétés fantastiques. — Ces grands travaux représentent plus de consommation de richesse que de production. La différence et une diminution de moyens d'achat pendant un temps plus ou moins long. La machine faite, l'usine construite, l'instrument de production établi, réparent cette diminution, mais graduellement…
>
> « Cela arrive toutes les fois qu'on prélève la consommation, la construction, etc., non sur l'épargne, mais sur le capital. »
>
> « Les ouvriers dans la période précédente, très bien payés, demandent de tous côtés, ont pris des habitudes de luxe. Les prix ont monté partout. L'insouciance d'un temps prospère a dupé le monde, et lorsque la crise arrive tout souffre d'autant plus. — 'La prospérité devenait toujours plus haute, et la destruction de la richesse marchait avec une vitesse plus grande.'[2] »[3]

Ceci lui permet de caractériser, par des explications scientifiques précises, le cadre dépressif qu'il donne à l'industrie minière du moment de son drame. On lit ainsi dans *Germinal*, par la voix de Deneulin, le petit propriétaire : « je suis bousculé avec les camarades, par cette saleté de crise… Ah ! nous payons les années prospères ! On a trop bâti d'usines, trop construit de voies ferrées, trop immobilisé de capitaux en vue d'une production formidable. Et, aujourd'hui, l'argent dort, on n'en trouve plus pour faire fonctionner tout ça. »[4] Idem plus tard : « C'était fatal, dit Deneulin, la prospérité trop grande des dernières années devait nous amener là… Songez donc aux énormes capitaux immobilisés, aux chemins de fer, aux ports et aux canaux, à tout l'argent enfoui dans les spéculations les plus folles. Rien que chez nous, on a installé des sucreries comme si le département devait donner trois récoltes de betteraves… Et, dame ! aujourd'hui, l'argent s'est fait rare, il faut attendre qu'on rattrape l'intérêt des millions dépensés : de là, un engorgement mortel et la stagnation finale des affaires. »[5]

---

[1] NAF 10308, f° 329
[2] Citation tirée de Guyot, *La Science économique*, 1881, p. 366
[3] NAF 10308, f° 334-335
[4] *Germinal*, p. 114 ; Pléiade, p. 1200
[5] Germinal, p. 245 ; Pléiade, p. 1310

b) Laveleye et Leroy-Beaulieu sur la critique du socialisme

Zola a lu attentivement l'ouvrage d'Émile de Laveleye, *Le socialisme contemporain* (1881) et en a pris de nombreuses notes.

Laveleye lui donne d'abord des détails sur les différentes tendances socialistes : Proudhon et les coopératives, Karl Marx, Bakounine. C'est la partie factuelle ou informative de l'emprunt. On retrouve ainsi dans *Germinal* des emprunts précis, comme l'explication des manœuvres syndicales avec l'Internationale, lors d'une grève de bronziers, que Zola réutilise directement dans son roman. [1]

Parfois l'emprunt est de même une incorporation directe, mais avec de la longueur. Citons par exemple le cas de ce chapitre de Laveleye sur les socialistes catholiques, qui donne l'idée à Zola de faire apparaître un prêtre sympathisant avec les grévistes et prononçant un réquisitoire contre la société bourgeoise et l'économie de marché. [2] Dans les notes sur Laveleye, on remarque en effet ce passage, qui indique l'inspiration directe : « Très important : l'église se jetant avec les ouvriers, contre la bourgeoisie, revenant aux premiers siècles : les prêtres s'unissant aux radicaux contre la bourgeoisie libérale. Une scène, un prêtre absolument, faisant ce rêve. »[3]

Dans *Germinal*, la scène devient celle-ci : « Alors, debout, le prêtre parla longuement. Il exploitait la grève, cette misère affreuse, cette rancune exaspérée de la faim, avec l'ardeur d'un missionnaire qui prêche des sauvages, pour la gloire de sa religion. Il disait que l'Église était avec les pauvres, qu'elle ferait un jour triompher la justice, en appelant la colère de Dieu sur les iniquités des riches. Et ce jour luirait bientôt, car les riches avaient pris la place de Dieu, en étaient arrivés à gouverner sans Dieu, dans leur vol impie du pouvoir. Mais, si les ouvriers voulaient le juste partage des biens de la terre, ils devaient s'en remettre tout de suite aux mains des prêtres, comme à la mort de Jésus les petits et les humbles s'étaient groupés autour des apôtres. Quelle force aurait le pape, de quelle armée disposerait le clergé, lorsqu'il commanderait à la foule innombrable des travailleurs ! En une semaine, on purgerait le monde des méchants, on chasserait les maîtres indignes, ce serait enfin le vrai règne de Dieu, chacun récompensé selon ses mérites, la loi du travail réglant le bonheur universel. » [4] Cette citation un peu longue nous permet de signaler qu'au-delà des idées, des tendances et des faits, Zola fait parfois naître toute une scène ou tout un personnage de ses lectures.

Dans son livre, Laveleye expliquait encore comment, d'après les économistes classiques, le salaire de l'ouvrier était « fatalement réduit à ce qui est strictement nécessaire pour permettre à l'ouvrier de vivre et de se perpétuer », idée par ailleurs fausse, quoique cela ne soit point l'essentiel ici, qui était reprise de Ricardo, de Smith et plus loin de Turgot. Zola utilisa ce point dans une réplique de Savarine : « Augmenter le salaire, est-ce qu'on peut ? Il est fixé par la loi d'airain à la plus petite somme indispensable, juste le nécessaire pour que les ouvriers mangent du pain sec et fabriquent des enfants… S'il

---

[1] *Germinal*, p. 288 ; Pléiade, p. 1348
[2] Cf. NAF 10308, f° 348.
[3] NAF 10308, f° 348
[4] *Germinal*, p. 434 ; Pléiade, p. 1472-1473

tombe trop bas, les ouvriers crèvent, et la demande de nouveaux hommes le fait remonter. S'il monte trop haut, l'offre trop grande le fait baisser… C'est l'équilibre des ventres vides, la condamnation perpétuelle au bagne de la faim. » [1]

Vers la fin du roman, la position des soldats vis-à-vis des ouvriers en grève occupe une place importante. Celle-ci découle en droite ligne de la lecture de Laveleye, qui avait écrit : « Je ne pense pas que, nulle part jusqu'à présent la majorité des soldats soient acquis au socialisme : il s'en faut, mais c'est là évidemment le suprême péril pour l'ordre actuel. » [2] Zola, qui a bien noté le passage dans ses brouillons, reste fidèle à cette représentation et se sert de la peur d'un basculement de l'armée dans le socialisme pour accentuer la tension de son drame final. [3]

Le point le plus important, toutefois, de l'emprunt de Zola à Laveleye (auquel on doit joindre ici Leroy-Beaulieu) est sur la question du socialisme. Car au-delà du mythe, le mouvement ouvrier est représenté de manière très critique par Zola, en droite ligne de ses lectures sur le sujet, dans les écrits des économistes libéraux.

Zola retient surtout des écrits sur le socialisme — et notamment de Laveleye, qui entre là-dessus dans de grands développements — la grande disparité de tendances et leur affrontement permanent, notamment dans l'Internationale, qu'il qualifie ainsi dans *Germinal*, où nous soulignons : « *L'Association*, après avoir conquis les ouvriers du monde entier, dans un élan de propagande, dont la bourgeoisie frissonnait encore, *était maintenant dévorée, détruite un peu chaque jour, par la bataille intérieure des vanités et des ambitions*. Depuis que les anarchistes y triomphaient, chassant les évolutionnistes de la première heure, *tout craquait*, *le but primitif*, la réforme du salariat, *se noyait au milieu du tiraillement des sectes*, les cadres savants se désorganisaient dans la haine de la discipline. Et déjà l'on pouvait prévoir *l'avortement final* de cette levée en masse, qui avait menacé un instant d'emporter d'une haleine la vieille société pourrie. » [4] Et plus loin : « cette fameuse Internationale qui aurait dû renouveler le monde, *avortait d'impuissance*, après avoir vu son armée formidable *se diviser, s'émietter dans des querelles intérieures*. » [5]

Dans les brouillons, Zola avait déjà inscrit « l'échec prédit par les querelles intestines » et il prévoyait d'insister sur la « rivalité de théories et de personne ». [6] Ailleurs, il était plus précis : « Les socialistes se mangeant entre eux. » [7] Et encore : « Le rêve de l'Internationale fait par Étienne échoue. Les luttes intestines ; puis, c'est trop grand le monde. » [8] — L'Internationale doit finalement apparaître comme « détruite par la bataille des vanités et des ambitions. » [9] Ces différents points ont parfaitement subsisté dans le roman. [10]

---

[1] *Germinal*, p. 180-181 ; Pléiade, p. 1256

[2] *Le socialisme contemporain*, p. xxxiv

[3] Voir NAF 10308, f° 344

[4] *Germinal*, p. 442 ; Pléiade, p. 1480.

[5] *Germinal*, p. 565 ; Pléiade, p. 1589.

[6] NAF 10307, f° 177

[7] NAF 10307, f° 213, avec la même phrase répétée au f° 333

[8] NAF 10307, f° 326

[9] NAF 10307, f° 390

[10] Ce point de la critique de l'Internationale dans *Germinal* a été balayé, comme le reste des inspirations libérales, dans l'adaptation cinématographique fameuse de 1993, avec Renaud et Gérard Depardieu. Dans

En lisant Laveleye Zola avait aussi noté : « Socialisme, comme une religion, inspire le prosélytisme. Théoricien, apôtres, fanatisme, mystique, farouche »[1] et chez Leroy-Beaulieu il retenait le « caractère religieux des idées socialistes. »[2] Et en effet, le romancier multipliera les allusions et les scènes où cette idée se retrouve : il parle d'Étienne, après la maturation de ses idées socialistes, animé par « la propagande obstinée des nouveaux convertis, qui se créent une mission ».[3]

La faible estime que Leroy-Beaulieu comme Laveleye avaient du socialisme, anarchiste ou collectiviste, se retrouve encore sur d'autres plans.

Dans *Germinal*, le socialiste Étienne est accusé de n'avoir que des idées vagues malgré une assurance complète en ses forces. « Les moyens d'exécution demeuraient obscurs, il préférait croire que les choses iraient très bien, car *sa tête se perdait, dès qu'il voulait formuler un programme de reconstruction.* »[4] À chaque nouvelle exposition de la société de l'avenir, c'est la même alternance entre les grandes phrases creuses et les mentions directes du caractère utopique ou impossible de l'aventure. Ainsi dans un discours d'Étienne, il est dit : « Le vieux monde pourri était tombé en poudre, une humanité jeune, purgée de ses crimes, ne formait plus qu'un seul peuple de travailleurs, qui avait pour devise : à chacun suivant son mérite, et à chaque mérite suivant ses œuvres.[5] Et, continuellement, ce rêve s'élargissait, s'embellissait, d'autant plus séducteur, qu'il montait plus haut *dans l'impossible.* »[6]

Pour expliquer l'attrait des idées socialistes sur les ouvriers qui écoutent Étienne, Zola a encore ces mots : « Lorsqu'on vit comme des bêtes, le nez à terre, il faut bien un coin de *mensonge*, où l'on s'amuse à se régaler des choses *qu'on ne possédera jamais.* »[7] C'est aussi ce qui fait que l'auditoire accepte toutes ces idées vagues. « Les Maheu *avaient l'air* de comprendre, approuvaient, acceptaient *les solutions miraculeuses*, avec la foi *aveugle* des nouveaux croyants, pareils à des chrétiens des premiers temps de l'Église, qui attendaient la venue d'une société parfaite, sur le fumier du monde antique. »[8] Les ouvriers, nouvellement convaincus, n'en démordaient cependant pas. « C'était quand même une confiance absolue, une foi religieuse, le don *aveugle* d'une population de croyants. Puisqu'on leur avait promis l'ère de la justice, ils étaient prêts à souffrir pour la conquête du bonheur universel. La faim exaltait les têtes, jamais l'horizon fermé n'avait ouvert un au-delà plus large à *ces hallucinés de la misère.* »[9]

---

ce film, les propos positifs sur l'Internationale, souvent répétés, n'y sont contrés que par la vision anarchiste destructrice et terrible de Souvarine. L'Internationale est présentée comme une solution juste et légitime, l'extrémiste de terreur étant bien sûr à rejeter. Par ailleurs, l'enivrement du leader de grève et la grande imprécision de la doctrine du socialisme ne sont pas représentées.

[1] NAF 10308, f° 344
[2] NAF 10308, f° 358
[3] *Germinal*, p. 190 ; Pléiade, p. 1264
[4] *Germinal*, p. 202 ; Pléiade, p. 1275
[5] C'est la formule classique des socialistes de toute tendance, de Morelly au XVIIIe siècle, à Saint-Simon, Étienne Cabet, Louis Blanc, en passant par Karl Marx, et jusqu'aux bolchéviques.
[6] *Germinal*, p. 206 ; Pléiade, p. 1278
[7] *Germinal*, p. 207 ; Pléiade, p. 1279
[8] *Germinal*, p. 207-208 ; Pléiade, p. 1279
[9] *Germinal*, p. 265 ; Pléiade, p. 1327-1328

Zola avait trouvé tout cela chez Laveleye et Leroy-Beaulieu, et les multiples rapprochements entre foi socialiste et foi chrétienne l'illustrent. La teinte critique de ces auteurs a passé chez Zola, qui écrit clairement dans ses notes préparatoires : « Chimère de croire qu'une nouvelle société peut être établie par la loi, à la suite d'une insurrection triomphante ».[1] Tout ceci le guide, lui indique la voie que va prendre son roman, car il est fidèle à ce qu'il lit.

Les socialistes collectivistes de Leroy-Beaulieu et Laveleye sont présentés comme avides de violences et de tremblements et nous retrouvons dans *Germinal* des tendances fortes de destruction. Ainsi au milieu de la grève, quand les industries vacillent les unes après les autres, Étienne est présenté satisfait et tissant des plans de refondation totale : « Souvent, au coude d'un chemin, Étienne s'arrêtait, dans la nuit glacée, pour écouter pleuvoir les décombres. Il respirait fortement les ténèbres, *une joie du néant le prenait*, un espoir que le jour se lèverait sur l'extermination du vieux monde, plus une fortune debout, *le niveau égalitaire passé comme une faux, au ras du sol.* »[2]

Tout en conservant une vive sympathie pour la révolte ouvrière, Zola est conscient de la valeur des réprimandes de Leroy-Beaulieu ou Laveleye sur le droit au travail et la protection des non-grévistes. Ainsi lorsqu'il prévoit ses scènes de violence, pendant lesquelles les ouvriers viennent violenter les non-grévistes puis les travailleurs qui consentent à descendre à leur place, il fait remarquer dans ses brouillons : « Ils croient avoir le droit d'intimidation, *dans leur ignorance* en matière de coalition. »[3] Cette violence même, cette violence sauvage, sans frein, et l'emportement qui atteint le héros, « allant au-delà de ce qu'il a voulu »[4], est encore un témoignage indirect à ses lectures libérales.

Il en va de même du messianisme sans substance qui fait le fond du discours d'Étienne jusqu'à la fin et emporte par ses approximations mêmes l'enthousiasme des ouvriers. Jusque dans ses échecs, dans sa retraite, le leader des ouvriers est entouré d'une légende et on continue à croire aux miracles qu'il a annoncés, « tous continuant le rêve, attendant un miracle, l'idéal aigri dans ces têtes exaspérées par la faim. »[5]

Plus spécifiquement, Zola a retenu de sa lecture de Leroy-Beaulieu cette caractéristique désobligeante envers les leaders syndicaux : « orgueil et jouissance des chefs ouvriers qui dirigent les grèves »[6], ce qui viendra en fil rouge derrière les actions d'Étienne, et de manière croissante, dans la seconde moitié du roman.

En conséquence de ses lectures libérales, Zola pose dans ses brouillons que dès après la découverte du socialisme par Étienne, il faut qu'on le voit s'enivrer du nouveau rôle de leader ouvrier que cela lui donne : « Son ambition grandit. Son espèce d'ivresse d'être au centre. »[7] Peu à peu il devra avoir des « bouffées d'orgueil, de se voir le chef, d'être le centre. »[8]

---

[1] NAF 10308, f° 345
[2] *Germinal*, p. 422 ; Pléiade, p. 1462
[3] NAF 10307, f°244
[4] NAF 10307, f°275
[5] NAF 10307, f°290
[6] NAF 10307, f°361
[7] NAF 10307, f°169
[8] NAF 10307, f°173

Dans la version finale du roman, quand il développe ses théories sur la refonte du monde, et que celles-ci reçoivent l'assentiment de ses compères, Étienne dévoile cet aspect nouveau de sa personnalité. « Dès lors, il s'opéra chez Étienne une transformation lente, lit-ont. Des instincts de coquetterie et de bien-être, endormis dans sa pauvreté, se révélèrent, lui firent acheter des vêtements de drap. Il se paya une paire de bottes fines, et du coup il passa chef, tout le coron se groupa autour de lui. *Ce furent des satisfactions d'amour-propre délicieuses*, il se grisa de ces premières jouissances de la popularité : être à la tête des autres, commander, lui si jeune et qui la veille encore était un manœuvre, l'emplissait d'orgueil, agrandissait son rêve d'une révolution prochaine, où il jouerait un rôle. Son visage changea, il devint grave, *il s'écouta parler* ; tandis que son ambition naissante enfiévrait ses théories et le poussait aux idées de bataille. »[1]

Les semaines passant, le phénomène, nous raconte *Germinal*, ne fit que se renforcer. « Désormais, Étienne était le chef incontesté… Sa popularité croissante le surexcitait chaque jour davantage. Tenir une correspondance étendue, discuter du sort des travailleurs aux quatre coins de la province, donner des consultations aux mineurs du Voreux, surtout *devenir un centre, sentir le monde rouler autour de soi, c'était un continuel gonflement de vanité*, pour lui, l'ancien mécanicien, le haveur aux mains grasses et noires. Il montait d'un échelon, il entrait dans cette bourgeoisie exécrée, avec *des satisfactions d'intelligence et de bien-être, qu'il ne s'avouait pas*… Ça tournerait comme ça tournerait, les ouvriers devaient faire leurs affaires entre eux. Et son rêve de chef populaire le berçait de nouveau : Montsou à ses pieds, Paris dans un lointain brouillard, qui sait ? la députation un jour, la tribune d'une salle riche, où il se voyait foudroyant les bourgeois, du premier discours prononcé par un ouvrier dans un Parlement. »[2]

De la même manière, les idées socialistes d'Étienne sont présentées dans *Germinal* comme un échafaudage pénible et précaire, ce qu'elles sont par définition selon Leroy-Beaulieu, Laveleye, et les autres critiques du socialisme. Le passage dans lequel Zola revient sur ce fait mérite d'être cité en longueur :

« Maintenant, ses idées étaient mûres, écrit Zola en parlant d'Étienne ; il se vantait d'avoir un système. Pourtant, *il l'expliquait mal*, en phrases dont la confusion gardait un peu de toutes *les théories traversées et successivement abandonnées*. Au sommet, restait debout l'idée de Karl Marx : le capital était le résultat de la spoliation, le travail avait le devoir et le droit de reconquérir cette richesse volée. Dans la pratique, il s'était d'abord, avec Proudhon, laissé prendre par la chimère du crédit mutuel, d'une vaste banque d'échange, qui supprimait les intermédiaires ; puis, les sociétés coopératives de Lasalle, dotées par l'État, transformant peu à peu la terre en une seule ville industrielle, l'avaient passionné, jusqu'au jour où le dégoût lui en était venu, devant la difficulté du contrôle ; et il en arrivait depuis peu au collectivisme, il demandait que tous les instruments du travail fussent rendus à la collectivité. Mais *cela demeurait vague*, il ne savait comment réaliser ce nouveau rêve, empêché encore par les scrupules de sa sensibilité et de sa raison, n'osant risquer les affirmations absolues des sectaires. Il en était simplement à dire qu'il s'agissait de s'emparer du gouvernement, avant tout. *Ensuite, on verrait*. »[3]

---

[1] *Germinal*, p. 209 ; Pléiade, p. 1281
[2] *Germinal*, p. 266 ; Pléiade, p. 1328-1329
[3] *Germinal*, p. 279-280 ; Pléiade, p. 1339-1340

Pour l'exposition du programme d'Étienne, Zola avait noté dans ses brouillons : « Prendre le programme dans Laveleye ». [1] Il n'est pas étonnant dès lors que ce programme, historiquement valable, soit aussi accompagné de critiques désobligeantes.

Dans *Germinal*, vient ensuite la grande réunion des ouvriers pendant la grève, où Étienne doit expliquer leur but commun et le cadre de la société future qu'il s'agit de préparer. Ses plans n'aboutissent à rien de moins qu'à une « une refonte totale de la vieille société pourrie ; il attaquait le mariage, le droit de tester, il réglementait la fortune de chacun, il jetait bas le monument inique des siècles morts, d'un grand geste de son bras, toujours le même, le geste du faucheur qui rase la moisson mûre ; et il reconstruisait ensuite de l'autre main, il bâtissait la future humanité, l'édifice de vérité et de justice, grandissant dans l'aurore du vingtième siècle. À cette tension cérébrale, la raison chancelait, il ne restait que l'idée fixe du sectaire. Les scrupules de sa sensibilité et de son bons sens étaient emportés, rien ne devenait plus facile que la réalisation de ce monde nouveau : il avait tout prévu, il en parlait comme d'une machine qu'il monterait en deux heures, et ni le feu ni le sang ne lui coûtaient. » [2]

Et c'est l'occasion pour Zola de réinsister sur le caractère sectaire et aveugle de la foi socialiste. Les ouvriers qui écoutent Étienne dans ses envolées, dans ses plans de refondation sociale, sont conquis de cette manière particulière : « Une exaltation religieuse les soulevait de terre, la fièvre d'espoir des premiers chrétiens de l'Église, attendant le règne prochain de la justice. Bien des phrases obscures leur avaient échappé, ils n'entendaient guère ces raisonnements techniques et abstraits ; mais l'obscurité même, l'abstraction élargissait encore le champ des promesses, les enlevait dans un éblouissement. » [3]

En accord avec les critiques libérales qui étaient portées au socialisme, Zola ne place rien, au bout de l'évolution intellectuelle d'Étienne vers le socialisme, qu'un sentiment de supériorité et une curieuse honte d'être ouvrier, un dénigrement de tout ce qui est ouvrier. « Maintenant, durant des heures, Étienne demeurait allongé sur son foin. Des idées vagues le travaillaient, qu'il ne croyait pas avoir. C'était une sensation de supériorité qui le mettait à part des camarades, une exaltation de sa personne, à mesure qu'il s'instruisait… Malgré le tourment des ténèbres, il en arriverait à redouter l'heure où il rentrerait au coron. Quelle nausée, ces misérables en tas, vivant au baquet commun ! Pas un avec qui causer politique sérieusement, une existence de bétail, toujours le même air empesté d'oignon où l'on étouffait ! Il voulait leur élargir le ciel, les élever au bien-être et aux bonnes manières de la bourgeoisie, en faisant d'eux les maîtres ; mais comme ce serait long ! et il ne se sentait plus le courage d'attendre la victoire, dans ce bagne de la faim. Lentement, *sa vanité d'être leur chef, sa préoccupation constante de penser à leur place*, le dégageaient, lui soufflaient l'âme d'un de ces bourgeois qu'il exécrait. » [4] Et encore, quelques pages plus loin : « Il éprouvait cette répugnance, ce malaise de l'ouvrier sorti de sa classe, affiné par l'étude, travaillé par l'ambition. Quelle misère, et l'odeur, et les corps en tas, et la pitié affreuse qui le serrait à la gorge ! Le spectacle de cette agonie le bouleversait à un tel point, qu'il cherchait des paroles, pour leur conseiller la soumission. » [5]

---

[1] NAF 10307, f° 207
[2] *Germinal*, p. 325-326 ; Pléiade, p. 1380
[3] *Germinal*, p. 326 ; Pléiade, p. 1380
[4] *Germinal*, p. 419-420 ; Pléiade, p. 1460
[5] *Germinal*, p. 436 ; Pléiade, p. 1475

Cela n'empêcha pas Étienne de défendre tout de même la mission supérieure de l'ouvrier et la transformation sociale que lui seul pouvait opérer, conduit par de bons guides : « Son éducation était finie, il s'en allait armé, en soldat raisonneur de la révolution, ayant déclaré la guerre à la société, telle qu'il la voyait et telle qu'il la condamnait. La joie de rejoindre Pluchart, d'être comme Pluchart *un chef écouté*, lui soufflait des discours, dont il arrangeait les phrases. Il méditait d'élargir son programme, l'affinement bourgeois qui l'avait haussé au-dessus de sa classe le jetait à une haine plus grande de la bourgeoisie. Ces ouvriers dont l'odeur de misère le gênait maintenant, il éprouvait le besoin de les mettre dans une gloire, il les montrerait comme les seuls grands, les seuls impeccables, comme l'unique noblesse et l'unique force où l'humanité pût se retremper. Déjà, il se voyait à la tribune, triomphant avec le peuple, si le peuple ne le dévorait pas. » [1]

Ce passage nous donne l'occasion, pour finir, d'évoquer le personnage de Pluchart, un représentant syndical officiel, qui visite le coron pendant la grève, et qui nous apparaît également typique des idées de Leroy-Beaulieu. Il est présenté succinctement, d'une manière très critique : « Depuis cinq ans, il n'avait plus donné un coup de lime, et il se soignait, se peignait surtout avec correction, vaniteux de ses succès de tribune ; mais il gardait des raideurs de membres, les ongles de ses mains larges ne repoussaient pas, mangés par le fer. Très actif, il servait son ambition, en battant la province sans relâche, pour le placement de ses idées. » [2] Dans *Germinal*, il n'obtient devant les mineurs qu'un médiocre succès.

C'est encore vraisemblablement vers les écrits de Leroy-Beaulieu et de quelques autres économistes libéraux qu'il faut se tourner pour trouver la source de la représentation critique des grèves, très bien placée dans le roman. [3]

On lit dans *Germinal* : « La vérité était que, dans la lutte engagée, *la mine souffrait plus encore que les mineurs. Des deux côtés, l'obstination entassait des ruines* : tandis que le travail crevait de faim, le capital se détruisait. Chaque jour de chômage emportait des centaines de mille francs. Toute machine qui s'arrête, est une machine morte. L'outillage et le matériel s'altéraient, l'argent immobilisé fondait, comme une eau bue par du sable. Depuis que le faible stock de houille s'épuisait sur le carreau des fosses, la clientèle parlait de s'adresser en Belgique ; et il y avait là, pour l'avenir, une menace. Mais ce qui effrayait surtout la Compagnie, ce qu'elle cachait avec soin, c'étaient les dégâts croissants, dans les galeries et les tailles. Les porions ne suffisaient pas au raccommodage, les bois cassaient de toutes parts, des éboulements se produisaient à chaque heure. Bientôt, les désastres étaient devenus tels, qu'ils devaient nécessiter de longs mois de réparation, avant que l'abattage pût être repris. » [4] Plus loin dans le roman, Zola revient encore en longueur sur l'effet domino et les faillites en cascade, à cause des grèves. [5]

---

[1] *Germinal*, p. 565 ; Pléiade, p. 1589
[2] *Germinal*, p. 284 ; Pléiade, p. 1344
[3] Parmi les autres sources, on doit citer l'article « Grève » du *Grand dictionnaire universel du XIXe siècle* de Pierre Larousse.
[4] *Germinal*, p. 294 ; Pléiade, p. 1354
[5] *Germinal*, p. 421 ; Pléiade, p. 1461

L'auteur n'est pas non plus avare de considérations pour faire sentir la misère terrible des ouvriers pendant les grèves et il offre des voix pour l'émission de doutes fondés sur l'utilité des grèves. Du scepticisme est distillé çà et là, par la parole directe, et cette critique par la parole est accentuée par des descriptions sans commentaire, comme celui-ci, que nous relevons : « toujours pas de pain, sans qu'on eût pourtant la chance de crever une bonne fois ; des choses ramassées à droite et à gauche, qui rendaient aux misérables le mauvais service de les faire durer. »[1]

Les caisses ouvrières font l'objet de développements pareillement critiques. Les reproches qu'on lui adresse se rapportent au risque de voir la caisse passer sous le contrôle des patrons et surtout de représenter un matelas de sécurité trop limité. « Trois mille francs ! qu'est-ce que vous voulez qu'on fiche avec ça ? Il n'y aurait pas six jours de pain »[2] lit-on dans *Germinal*, dans un passage qui nous donne aussi une appréciation amère de la prétendue entraide internationale des ouvriers que l'Internationale, qu'on a vu déjà fort décrédibilisé dans le roman, devait organiser et développer. « Si l'on comptait sur des étrangers, des gens qui habitaient l'Angleterre, on pouvait tout de suite se coucher et avaler sa langue. Non, c'était trop bête, cette grève ! »[3]

Ces grèves ouvrières, Zola n'en masque aucunement la terrible violence. Il a soin, au contraire, d'illustrer le macabre cortège de destruction folle et de massacre inhumain qui accompagne ces effusions de colère. Quand dans le roman les mineurs se mettent en grève, « la fosse déserte leur appartint. Et, dans leur rage de n'avoir pas une face de traître à gifler, ils s'attaquèrent aux choses. Une poche de rancune crevait en eux, une poche empoisonnée, grossie lentement. Des années et des années de faim les torturaient d'une fringale de massacre et de destruction. »[4] Je passe ici sur les scènes de violence, qui sont assez nombreuses et assez picturales, pour me concentrer sur d'autres points de comparaisons.

c) D'autres traces des idées des économistes libéraux dans Germinal

Ailleurs dans le roman, on peut encore déceler d'autres traces d'une inspiration libérale.

De sa lecture de Leroy-Beaulieu (*La question ouvrière au XIXᵉ siècle*, 1872), Zola avait encore retenu cette proposition de l'économiste français que la Révolution française avait été faite contre les ouvriers, et il en tira le passage suivant, où percent aussi l'influence de Jules Simon et de Laveleye :

« L'ouvrier ne pouvait pas tenir le coup, la révolution n'avait fait qu'aggraver ses misères, c'étaient les bourgeois qui s'engraissaient depuis 1789, si goulûment, qu'ils ne lui laissaient même pas le fond des plats à torcher. Qu'on dise un peu si les travailleurs avaient eu leur part raisonnable, dans l'extraordinaire accroissement de la richesse et du bien-être, depuis cent ans ? On s'était fichu d'eux en les déclarant libres : oui, libres de crever de faim, ce dont ils ne se privaient guère. Ça ne mettait pas du pain dans la

---

[1] *Germinal*, p. 482 ; Pléiade, p. 1515
[2] *Germinal*, p. 215 ; Pléiade, p. 1285
[3] *Germinal*, p. 215 ; Pléiade, p. 1285
[4] *Germinal*, p. 376 ; Pléiade, p. 1423

huche, de voter pour des gaillards qui se gobergeaient ensuite, sans plus songer aux misérables qu'à leurs vieilles bottes. Non, d'une façon ou d'une autre, il fallait en finir, que ce fût gentiment, par des lois, par une entente de bonne amitié, ou que ce fût en sauvages, en brûlant tout et en se mangeant les uns les autres. Les enfants verraient sûrement cela, si les vieux ne le voyaient pas, car le siècle ne pouvait s'achever sans qu'il y eût une autre révolution, celle des ouvriers cette fois, un chambardement qui nettoierait la société du haut en bas, et qui la rebâtirait avec plus de propreté et de justice. » [1]

De Jules Simon et son livre sur *L'Ouvrière* (1861), Zola retint différentes propositions, mais il n'employa cette source que de manière critique, l'utilisant à contre-courant, avec ironie. Ainsi la plainte très fondée de cet économiste sur la trop grande natalité chez les populations ouvrières pauvres est tournée en ridicule dans la scène de la visite chez les Grégoire. Dans cette même scène, le romancier fait refuser par M. Grégoire l'aumône en argent, sous le prétexte : « jamais d'argent parce qu'on boit avec ». [2] Dans *L'Ouvrière* de Jules Simon, une condamnation de l'intempérance ouvrière se trouve jointe à une autre de l'excessive natalité, dans un chapitre consacré à « l'ivrognerie, le libertinage et leurs suites ». [3]

La promiscuité et les rapports entre les sexes dès le plus jeune âge sont l'objet de nombreux passages de *Germinal*, Zola revenant fréquemment sur cette disposition des ouvriers et sur ses conséquences. « C'était la commune histoire des promiscuités du coron, écrit-il une fois, les garçons et les filles pourrissant ensemble, se jetant à cul, comme ils disaient, sur la toiture basse et en pente du carin, dès la nuit tombée. Toutes les herscheuses faisaient là leur premier enfant, quand elles ne prenaient pas la peine d'aller le faire à Réquillart ou dans les blés. Ça ne tirait pas à conséquence, on se mariait ensuite, les mères seules se fâchaient, lorsque les garçons commençaient trop tôt, car un garçon qui se mariait ne rapportait plus à la famille. » [4]

Zola parle sans détour des visites fréquentes au cabaret, des sommes immenses qui s'y consument, jusqu'aux dettes. [5] Ses informations proviennent des écrits des économistes libéraux sur la condition ouvrière (Leroy-Beaulieu, Jules Simon) ainsi que des *Cahiers de doléances des mineurs*, où on insistait sur le grand nombre de cabarets, jusqu'à 50 cabarets pour 500 mineurs à Liévin. Chez Zola, ce sera poussé plus loin : « À Montsou, un cabaret sur deux maisons. »[6]

Sur un autre sujet, mais toujours en phase avec les observations des économistes, Zola note bien que le travail des femmes et des enfants constituait une volonté des ouvriers eux-mêmes, trop heureux qu'ils étaient d'ajouter un salaire supplémentaire au revenu familial. [7]

Le romancier insiste aussi sur le fait que les mineurs se rendaient souvent coupables de négligences pour terminer le travail plus rapidement, au risque de compromettre la sécurité. Cela lui donne l'occasion d'un échange, au sujet des boisages, prévus pour maintenir les galeries : « 'Dites donc, Maheu, est-ce que vous vous fichez du monde !...

---

[1] *Germinal*, p. 180 ; Pléiade, p. 1256
[2] NAF 10307, f° 71
[3] Voir notamment *L'Ouvrière*, p. 138-140.
[4] *Germinal*, p. 135 ; Pléiade, p. 1219
[5] Zola écrit dans ses brouillons que les mineurs payaient encore en 1884 des dettes contractées en 1878. Voir « Mes notes sur Anzin », NAF 10308, f° 301-302.
[6] NAF 10308, f° 77
[7] Voir par exemple *Germinal*, p. 60 ; Pléiade, p. 1156

Vous allez tous y rester, non d'un chien ! — Oh ! c'est solide, répondit tranquillement l'ouvrier. — Comment solide !... Mais la roche tasse déjà, et vous plantez des bois à plus de deux mètres, d'un air de regret ! Ah ! vous êtes bien tous les mêmes, vous vous laisseriez aplatir le crâne, plutôt que de lâcher la veine, pour mettre au boisage le temps voulu !... Je vous prie de m'étayer ça sur-le-champ. Doublez les bois, entendez-vous !' Et, devant le mauvais vouloir des mineurs qui discutaient, en disant qu'ils étaient bons juges de leur sécurité, il s'emporta. 'Allons donc ! quand vous aurez la tête broyée, est-ce que c'est vous qui en supporterez les conséquences ? Pas du tout ! ce sera la Compagnie, qui devra vous faire des pensions à vous ou à vos femmes... Je vous répète qu'on vous connaît : pour avoir deux berlines de plus le soir, vous donneriez vos peaux.' » [1]

Sur chacun de ces points, Zola utilise les observations des économistes libéraux qu'il a lu et annoté, en complément des siennes, le tout pour transmettre une représentation vraie de la situation ouvrière, laquelle finit par s'éloigner quelque peu du fantasme et de l'idéalisation, que l'on croirait devoir trouver dans un roman distinctement socialiste.

Des inspirations libérales masquées par le travail d'écriture

Malgré toutes les inspirations que nous avons décelées dans *Germinal*, il est tout à fait clair que Zola ne voulait pas faire de son roman une critique de l'intempérance ouvrière, de la tyrannie syndicale ou de l'utopie du socialisme. Son roman voulait représenter plutôt « le soulèvement des salariés, le coup d'épaule donné à la société qui craque un instant : en un mot la lutte du capital et du travail ».[2] Il devait être encore « un cri de pitié pour les souffrants » [3], le romancier étant convaincu que « la misère sera bien près d'être soulagée, le jour où on la connaîtra dans ses hontes et dans ses souffrances. » [4] Bien loin de délégitimer les efforts ouvriers, *Germinal* devait aboutir à convaincre de l'inéluctabilité d'une révolution sociale et de la constitution de syndicats.

Naturellement, ce n'est pas tout à fait ainsi que Guyot, par exemple, avait conçu son roman. Pour lui, *l'Enfer social* devait être la mise en valeur des faits, l'éclaircissement des situations, pour accompagner le succès des remèdes entérinés par la science économique. Guyot écrivait dans la préface : « Il n'est pas inutile de traiter les questions sociales ailleurs que dans des livres didactiques. Le roman, sortant de l'abstraction pour concréter avec passion les erreurs et les injustices sociales, les préjugés, les préventions, les vices réciproques qui se placent en travers des solutions, prépare l'œuvre de la science ; car il triomphe de ce premier obstacle à tout progrès : l'ignorance et l'indifférence des satisfaits. » [5]

---

[1] *Germinal*, p. 84-85 ; Pléiade, p. 1177. — Plus loin Zola revient sur « l'insuffisance des boisages, toujours bâclés trop vite » et en fait une des causes de sa catastrophe. (*Germinal*, p. 224 ; Pléiade, p. 1294)

[2] NAF 10307, f° 402

[3] Lettre à Georges Montorgueil, 8 mars 1885 ; *Correspondance*, Presses de l'Université de Montréal, 1985, tome V, p. 240

[4] Lettre à Francis Magnard, 4 avril 1885 ; *Ibid.*, *Correspondance*, tome V, p. 254

[5] *Enfer social*, p. 1-2.

Compte tenu de cette différence d'objectif, des écrits libéraux consultés aux notes prises par Zola, et de ces notes au roman, il y a tout un travail d'assimilation et de rejet. Pour citer Colette Becker, spécialiste de *Germinal* et de Zola, en se documentant chez les auteurs libéraux le romancier travaille « en laissant de côté certains aspects qui ne correspondent pas à l'idée qui est la sienne » [1]

Certains procédés d'auteur font en effet pencher *Germinal* vers ce qu'il est resté dans la conscience collective : un roman de défense de l'ouvrier face au pouvoir du capital.

L'emploi que fait Zola de la méthode d'opposition entre la condition des ouvriers et celle des directeurs est accentué par des mises en scènes habiles. Le procédé, nous l'avons dit, était tout à fait clair dès le début. Pour son premier chapitre, Zola entendait que la pauvreté d'Étienne tranchât avec la richesse de l'installation minière. « La richesse étalée en comparaison avec lui »[2] écrit-il dans ses brouillons. Plusieurs alternatives d'ordonnancement et de mise en scène s'offraient au romancier, et ses choix en la matière firent pencher sévèrement la balance dans le sens du roman à thèse en faveur des ouvriers, et contre la discussion économique qu'aurait mené un Leroy-Beaulieu ou un Jules Simon.

Ainsi, lorsqu'il fait discuter les propriétaires des mines sur la crise industrielle en cours, Zola prend la liberté de faire tenir les propos au milieu d'un repas luxueux, quand « après les œufs brouillés aux truffes parurent les truites de rivière ». [3] Le procédé, bien sûr, n'est pas toujours honnête ; il permet cependant de forcer le trait, de produire du caustique, et même à l'occasion de décrédibiliser certaines thèses. Nous avons cité précédemment le sort fait à la thèse malthusienne de la trop grande natalité chez les ouvriers. On trouve encore dans *Germinal* un même ridicule donné à cet autre point sensible, celui de l'élévation du niveau de vie des ouvriers au cours du temps, qui, exprimé au passage dans le roman, est tranché au vif par l'intervention de Mme Hennebeau, qui demande : « Monsieur Grégoire, interrompit Mme Hennebeau, je vous en prie, encore un peu de ces truites… Elles sont délicates, n'est-ce pas ? » [4]

De la même manière, lorsque vient l'épisode de la discussion ouverte entre les ouvriers et le patron, au cours de laquelle ils pourraient livrer leurs revendications et vider leurs différends, il s'est posé pour Zola la question du lieu. Il imagina primitivement une scène forte peut-être par les mots, mais simple dans le décor, avec comme cadre le bureau de M. Hennebeau. Par la suite, le romancier imagina toutefois qu'en faisant tenir la discussion dans le salon familial, contre toute vraisemblance mais avec la force symbolique de ces existences malheureuses au milieu d'un luxe affiché sans retenue, l'effet n'en serait que meilleur. Et dans ses manuscrits, Zola se nota pour lui-même cette indication pour l'écriture finale de la scène : « Bien opposer le directeur aux ouvriers. Vie,

---

[1] Note dans *Germinal*, édition LGF, p. 41. — Cela s'applique aussi pour les autres auteurs spécialisés consultés par Zola. Ainsi de Simonin, Zola ne retient pas les longs développements vantant les œuvres bienfaitrices des sociétés minières en faveur des ouvriers.

[2] NAF 10307, f° 11

[3] *Germinal*, p. 245 ; Pléiade, p. 1310

[4] *Germinal*, p. 246 ; Pléiade, p. 1311. — Ce procédé de dévalorisation des propos par interruptions intempestives et cruellement décalées est classique dans la littérature du temps. On en retrouve un autre exemple dans *Madame Bovary* de Flaubert, avec la scène du discours de M. Lieuvain (édition 1858, p. 200).

plaisirs, confort, etc. » [1] La scène en effet est habile. Les revendications, posées justement et sans excès, tranchent avec la mascarade de richesse matérielle qui s'offre comme théâtre. Celle-ci est toutefois importante pour Zola ; dans le roman, il prend bien la peine de la poser et de revenir sur ses caractéristiques au fur et à mesure, jusqu'à finir les revendications ouvrières par un énième rappel : « D'autres, sans parler, approuvaient d'un hochement de tête. La pièce luxueuse avait disparu, avec ses ors et ses broderies, son entassement mystérieux d'antiquailles ; et ils ne sentaient même plus le tapis, qu'ils écrasaient sous leurs chaussures lourdes. » [2] Ceci pour y revenir encore plus loin, quand la fin d'un discours donne l'occasion d'une seconde de flottement : « …il se fit un grand silence. Une gêne, un souffle de peur passa dans le recueillement du salon. Les autres délégués, qui comprenaient mal, sentaient pourtant que le camarade venait de réclamer leur part, au milieu de ce bien-être ; et ils recommençaient à jeter des regards obliques sur les tentures chaudes, sur les sièges confortables, sur tout ce luxe dont la moindre babiole aurait payé leur soupe pendant un mois. »[3]

Tout ceci, Zola l'avait voulu, avec pour objectif une maximisation de l'effet. Il notait en effet dans ses brouillons, et nous soulignons : « *Pour obtenir un gros effet*, il faut que les oppositions soient nettes et poussées *au summum de l'intensité possible*. Donc, d'abord, toutes les misères, toutes les fatalités qui pèsent sur les houilleurs. Cela par des faits, sans plaidoyer. Il faut le montrer écrasé, mangeant mal, victime de l'ignorance, souffrant dans ses enfants, au fond d'un véritable enfer[4] ; et sans persécution pourtant, sans méchanceté voulue des patrons, uniquement écrasé par la situation sociale elle-même. Au contraire, faire les patrons humains jusqu'à leurs intérêts ; ne pas tomber dans la revendication bête. L'ouvrier victime des faits, du capital, de la concurrence, des crises du marché (donc comme cadre de cette première partie, une crise industrielle à étudier). »[5] Zola le répète ailleurs : « L'écrasement des ouvriers par les faits et non par la méchanceté des patrons » et il ajoute après cette phrase la mention : « Très important ». [6]

Ceci nous permet d'établir le reproche principal que l'auteur de *Germinal* adressait au roman d'Yves Guyot : celui-ci contenait trop de méchanceté mise dans les patrons. Il est vrai que dans *l'Enfer social*, les patrons sont affublés d'une indifférence et d'un machiavélisme qui peut paraître caricatural. Le directeur de la mine y est peint pour la première fois de manière vive, au milieu d'une situation qui ne l'arrange pas, puisque c'est après une catastrophe et que les femmes et les hommes amassés le regardent comme coupable. « C'était un homme de quarante-cinq ans environ, décrit alors Guyot, mais qui ne voulait point évidemment avouer son âge. Des favoris d'un noir tirant sur le roux sale encadraient symétriquement une tête longue. Le nez était long, mince, comme pincé, le front haut et étroit. La bouche en s'ouvrant formait un carré et laissait voir deux longues dents blanches. C'était une tête sèche, prétentieuse, fière, contente d'elle-même et probablement vide. » [7] Guyot place en outre dans la bouche de son

---

[1] NAF 10307, f° 3
[2] *Germinal*, p. 257 ; Pléiade, p. 1321
[3] *Germinal*, p. 260 ; Pléiade, p. 1323
[4] On retrouve ici la formule de Guyot, très présente dans les notes préparatoires mais aussi dans le roman lui-même.
[5] NAF 10307, f° 420-421
[6] NAF 10307, f° 167
[7] *Enfer social*, p. 15-16.

directeur la résignation d'avance, un faible sens du sacrifice et un faible intérêt pour la vie humaine. Lors de l'accident, le directeur ne trouve rien d'autre à dire que ceci : secourir les mineurs est trop risqué, cela ne fonctionnera pas, n'y mettez pas tant de peine pour rien, etc. Par la suite et devant ses collègues, le directeur présente la catastrophe comme de peu d'importance, car les installations en question étaient vétustes et qu'il n'y avait plus de moyens pour les réparer ; qu'en outre, l'aide matérielle aux ouvriers sera fournie à partir de la caisse de secours à laquelle cotisent les ouvriers, ce qui ne coûtera donc rien à la compagnie.

Contre cet exemple primitif, Zola projeta ainsi une œuvre plus objective. Il semble toutefois qu'il n'y parvint pas et que malgré des intentions premières assez honorables, sa passion le rattrapa, lui inspira des travestissements, et qu'à l'heure de la composition c'est par touches successives qu'il retoucha les faits pour redresser sa barque.

Le grand critique de Zola, Henri Massis, faisait cette remarque que « Zola invente beaucoup plus qu'il n'observe ».[1] Il ne nous appartient pas de juger jusqu'à quel point cette affirmation est justifiée. Ce qui parait certain, c'est que sa puissance inventive n'était pas toujours bien contrôlée.

Le procès de l'invention maladroite a déjà était fait contre Zola, avec notamment un point de discorde éclatant, celui de l'anachronisme. Il est vrai Zola place l'histoire de *Germinal* en 1866-1867 ; or toutes ses sources sont postérieures à 1870, notamment les grèves d'Anzin de 1878 et surtout ses propres observations de terrain, effectuées en 1884. Il en découle des erreurs nombreuses. Sur l'une des questions qui nous a occupé précédemment, à savoir le socialisme, il est vrai que sa situation, plein de ces tiraillements de tendances qui faisaient les délices des adversaires comme Leroy-Beaulieu, n'était pas la même en 1866-1867, et Zola passa outre. Le personnage de Souvarine, le nihiliste et terroriste russe, disciple de Bakounine, ne pouvait, en 1866-1867, s'exprimer comme il le fait, agir comme il le fait, et, à vrai, il ne pourrait même pas exister.

De façon similaire, Zola place au fond de la mine, la nuit, des mineurs enfants, bien que la loi du 22 mars 1841, encore en application en 1866-1867 interdit le travail de la mine la nuit, de 21 heures à 5 heures, aux enfants de moins de 13 ans. Il est vrai que dans la pratique la surveillance étant à peu près nulle elle était parfois éludée : nous avons ici toutefois un petit écart avec la vraisemblance, conçu pour forcer le trait.

C'est que dans l'invention et la mise en scène romanesque, Zola a beau tenir entre ses mains ses notes de lectures libérales, il est sans cesse happé par son désir ardent de défendre l'ouvrier, de présenter sa situation comme terrible et appelant un grand chamboulement. Aussi, contre son propre vœu initial, de tempérer l'ardente condamnation des patrons chez Guyot, l'auteur de *Germinal* le suit malgré lui dans ce vice. Zola représente en effet les actionnaires et les capitalistes d'une manière schématique et caricaturale et cette exagération ne le préoccupe guère. Quand, à l'inverse, il décèle à l'occasion son emportement vis-à-vis d'un personnage ouvrier plus traditionnel, quand il sent qu'il l'a fait devenir trop mauvais, trop caricatural, alors il éprouve des scrupules et le note dans ses brouillons. Lors des déboires de Catherine avec Chaval, par exemple, Zola songe à modérer l'effet produit et note dans ses brouillons : « Faire revenir un peu Chaval, pour ne pas le montrer trop ignoble, trop tout d'une pièce. Un attendrissement

---

[1] *Comment Émile Zola composait ses romans, d'après ses notes personnelles et inédites*, Paris, 1906, p. 369

de Catherine, un élan de tendresse quand même entre eux. » [1] Nulle part il ne montre rien de pareil pour les personnages issus de la haute société.

La noirceur est un élément que nous avons signalé comme présent tant dans *l'Enfer social* que dans *Germinal*. Là encore, Zola multiplie les interventions pour maximiser l'effet, parfois contre la vraisemblance. D'un bout à l'autre du roman, allongeant le temps par moment et opérant des coupes à d'autres, il renforce volontairement l'impression de misère en faisant dérouler la plus grande partie de son récit dans le noir et par le froid de l'hiver. Il manipule la chronologie pour forcer le trait, comme il le pose dans ses brouillons : « Le roman aura lieu l'hiver, *la misère devant être plus grande* ». [2] Conformément à cette disposition, dès la première page Étienne avance dans une « nuit d'une obscurité et d'une épaisseur d'encre » et « au milieu de l'embrun aveuglant des ténèbres ». « Devant lui, il ne voyait même pas le sol noir ». On l'a dit, Zola a utilisé les notes de Guyot et ses observations pour cette description ; son choix de saison, de météo et d'heure n'est cependant pas neutre. Raisonnons par l'absurde et imaginons le héros débarquer au milieu des coquelicots en fleur, sa chemise secouée par la douceur du vent printanier : sans doute l'ouverture du roman n'aurait pas donné le même effet.

Dans la suite de *Germinal*, la noirceur reste hautement manipulée. La plupart du roman se déroule l'hiver ou la nuit, sous terre ou dans l'obscurité. Dans le moment d'opposition entre situation des riches et situation des pauvres, Zola fait lever ses ouvriers dans la nuit — ceci légitimement, car il est six heures du matin — mais n'est-ce pas un peu trop que le soleil vienne s'installer à neuf heures, lors du lever des Grégoire, pour laisser ensuite la place à un « ciel gris, humide » dès que l'ouvrière Maheude se met en route, par des « routes noires et boueuses »[3] ? Ceci ne ressemblerait-il pas à certaines bandes-sons un peu caricaturales de films, dans lesquels, par l'accentuation des scènes, on cherche à fabriquer de l'émotion ?

Un autre point où les idées de Zola ont pris le pas sur l'inspiration libérale pour donner une image bien différente du fond de *Germinal*, a trait à la question du grand capital anonyme qui possède les mines, cette société dont, d'après Zola, les actionnaires sont cachés dans l'ombre au loin, à Paris, écrasant les ouvriers dans la misère et dévorant le petit capital représenté par M. Deneulin. Ce que nous enseignent les notes préparatoires, c'est que Zola avait d'abord songé à présenter le capital sous la forme d'un patron individuel, purement et simplement, avant de se raviser. Il expose ces doutes et cette nouvelle résolution dans ses brouillons : « Pour établir cette lutte [du capital et du travail], qui est mon nœud, il faut que je montre d'une part le travail, les houilleurs dans la mine, et de l'autre le capital, la direction, le patron, enfin ce qui est à la tête. Mais deux cas se présentent : prendrai-je un patron qui personnifie en lui-même le capital,

---

[1] NAF 10307, f° 229

[2] NAF 10307, f° 444. — Le procédé lui est peut-être venu d'un autre roman minier, *le Grisou*, par Maurice Talmeyr, paru en 1880, où le héros, Jean Jacquemin, apparaît de même au début « un soir de l'année 1774… à la fin de novembre », errant dans la nuit et le froid en quête d'un travail. (*Le Grisou*, p. 12) Après avoir signalé quelques ressemblances, dans son ouvrage comparatif, Ida-Marie Frandon conclut cependant : « La parenté entre *Le Grisou* et *Germinal* est limitée. » (Ida-Marie Frandon, *Autour de « Germinal ». La mine et les mineurs*, Genève, E. Droz, 1955, p. 55)

[3] NAF 10307, f° 70

ce qui rendrait la lutte plus directe et peut-être plus dramatique ?[1] ou prendrais-je une société anonyme, des actionnaires, enfin le mode de la grande industrie, la mine dirigée par un directeur appointé, avec tout un personnel, et ayant derrière lui l'actionnaire oisif, le vrai capital ? Cela serait certainement plus actuel, plus large et poserait le débat comme il se présente toujours dans la grande industrie. Je crois qu'il vaudra mieux prendre ce dernier cas. » [2]

Ce dernier choix permet à Zola de créer son méchant : le grand capital, monstre accroupi, « ce dieu repu et accroupi, auquel dix mille affamés donnaient leur chair, sans le connaître »[3]. Ce grand capital, c'est ces actionnaires, puissance éloignée et inconnue, que M. Hennebeau indique sans précision, dans une scène, par un geste de la main : « Les délégués avaient suivi son geste vague, sa main tendue vers une des fenêtres. Où était-ce, là-bas ? Paris sans doute. Mais ils ne le savaient pas au juste, cela se reculait dans un lointain terrifiant, dans une contrée inaccessible et religieuse, où trônait le dieu inconnu, accroupi au fond de son tabernacle. Jamais ils ne le verraient, ils le sentaient seulement comme une force qui, de loin, pesait sur les dix mille charbonniers de Montsou. Et, quand le directeur parlait, c'était cette force qu'il avait derrière lui, cachée et rendant des oracles. » [4]

Zola prend ce parti du capital comme dieu éloigné, pour rendre le propos plus moderne, par effet de style et par volonté simplificatrice. « Après avoir posé ce mécanisme discrètement [celui de l'actionnariat, des conseils d'administration, etc.], je pense que je laisserai de côté les actionnaires, les comités, etc., pour en faire une sorte de tabernacle reculé, de dieu vivant et mangeant les ouvriers dans l'ombre : *l'effet à tirer sera plus grand*, et je n'aurai pas à compliquer mon livre par des détails d'administration peu intéressants. » [5] Par ce choix, il renforce sa tendance naturelle, distille d'autres idées dans son roman, et s'éloigne des sentiments que les économistes libéraux auraient pu lui inculquer.

Dans *Germinal* on retrouve partout cette volonté d'accuser plutôt le capital, les actionnaires, d'ailleurs invisibles et opérant à la manière d'un monstre croupi dans l'obscurité. Chez Zola les directeurs ne sont pas délibérément mauvais. Dans sa fiche personnage sur Philippe Hennebeau, directeur, le romancier note : « Donner au personnage toutes les idées capitalistes de sa situation. Mais aucun aggravement, remplit son devoir, représente les hauts salariés. Il défend son pain comme les ouvriers. » [6] Plutôt que de transmettre l'image d'un mauvais patron, qui pourrait être contrebalancée par un exemple contraire, Zola distille celle des horreurs du capital en général, du capital *en tant que capital*, et naturellement le message général de son roman en est fortement impacté.

La manière dont ce capital fonctionne et agit sur l'économie qui l'entoure est aussi l'objet d'une mise en scène qui répond aux considérations intellectuelles de Zola. Celui-

---

[1] Ce fut le parti pris par Guyot.
[2] NAF 10307, f° 402-403
[3] *Germinal*, p. 105 ; Pléiade, p. 1193
[4] *Germinal*, p. 261 ; Pléiade, p. 1324
[5] NAF 10307, f° 403-404
[6] NAF 10308, f° 58

ci fait aboutir à l'absorption de la petite mine par la plus grande, selon la tendance qu'il imagine et redoute. Le passage où il détaille cette partie de son plan dans ses manuscrits est révélatrice : « Le grand capital, la société anonyme, assez forte pour résister, et entraînant dans la ruine les patrons qui n'ont pas les reins solides : *cela serait bon*, montrerait où l'on va, à la royauté triomphante de l'argent, des gros capitaux, sur le travail, sur l'effort même des patrons. Comme fin logique, mon patron est ruiné, se trouve absorbé par la grande mine, où il devient employé ; et ses ouvriers, pour lesquels il était bon, se trouvent soumis à la règle de fer. *Cela me plaît, cela est bon.* » [1] Ici Zola prend plaisir à la thèse que cette organisation de l'intrigue lui permet de faire passer.

Dans *Germinal* se révèlent encore, ici et là, de multiples interventions du romancier pour renforcer la caractéristique thématique et idéologique du roman, à savoir la souffrance ouvrière. En étudiant les notes préparatoires ainsi que le roman, on remarque en effet un effort continu pour accentuer le drame ouvrier lui-même, distingué du drame interne du livre, par d'incessants effets de style. Dans les parties du roman où une misère ouvrière à son paroxysme favorise la thèse de Zola, il la maintient ainsi et la renforce encore par des évènements, comme lors de la grève, où dans ses brouillons il prévoit de « trouver une mort, un accident peut-être » à y intégrer, avant d'arrêter son choix sur la mort d'une enfant, et il note « morte de misère, *excellent* »[2]. Pareillement, dans le cinquième chapitre de la quatrième partie, Zola se propose de donner une « nouvelle peinture de la misère dans le coron, mais aggravée »[3], sur fond de grève. Et il note : « Faire très désolant, avec les petits et le vieux. »[4] L'objectif est de faire pencher définitivement le lecteur pour la cause de l'ouvrier, et en effet la scène est toute en noirceur, même dans ses répliques. « Allons, houp, montons... Le feu est mort, pas besoin d'allumer la chandelle pour voir les assiettes vides... »[5] Ou encore : « Dans le silence qui s'alourdissait peu à peu, on entendait venir le sommeil de la faim, l'écrasement des corps jetés en travers des lits, sous les cauchemars des ventres vides. »[6] À l'inverse, les besoins de l'argumentaire nécessitant parfois un autre cadre, Zola décide de ceci vers la fin de la grève : « Le café et les cancans revenant un peu. Il faudrait qu'il y eût un peu d'argent. *Je n'ai plus tant besoin de misère* »[7].

Nous retrouvons plus loin une pareille intervention délibérée du romancier, lors de l'accident de la mine. Zola écrit dans ses brouillons : « Voir si je pourrais introduire la mine qui brûle, au-dessus. Je puis bien prendre cette licence, *quoique cela n'existe pas dans le noir...* Les flammes qui s'échappent de terre [...] Je n'ai plus qu'à montrer Catherine dans cet enfer, ou plutôt dans un enfer semblable. »[8]

Ces manipulations sont fréquentes et plusieurs d'entres elles sont avouées par le romancier dans ses notes préparatoires. Citons cet autre exemple du caractère des mi-

---

[1] NAF 10307, f° 410-411
[2] NAF 10307, f° 417
[3] NAF 10307, f° 191.
[4] NAF 10307, f° 189.
[5] *Germinal*, p. 301 ; Pléiade, p. 1359
[6] *Germinal*, p. 303 ; Pléiade, p. 1360
[7] NAF 10307, f° 326
[8] NAF 10307, f° 232

neurs d'Anzin. Ceux-ci, d'après l'observation personnelle de Zola, sont calmes et paisibles lors des grèves, mais cela ne le satisfait pas, cela ne va pas dans le sens de l'avertissement qu'il veut adresser à la société de son temps. Aussi note-t-il : « À Anzin, les mineurs sont paisibles, lents, propres, des Flamands. Les grèves y ont le caractère tranquille. Mais je crois qu'on pourrait les faire dégénérer en violence, sous le coup d'une grande colère, d'une blessure particulière à trouver. »[1] Sur cette base fictive, Zola construisit toute la fin de son roman, à laquelle il ajouta encore de la théâtralité. « Il me faut un crescendo d'effet terrible qui fasse passer un frisson dans tous les lecteurs » prévoit-il dans ses brouillons.[2]

Zola prenait pour base cette réalité de la folie destructrice et consumante des ouvriers en grève, pour envoyer sa mise en garde à la société de son temps : « Oui, un soir, le peuple lâché, débridé, galoperait ainsi sur les chemins, écrivit-il ; et il ruissellerait du sang des bourgeois. Il promènerait des têtes, il sèmerait l'or des coffres éventrés. Les femmes hurleraient, les hommes auraient ces mâchoires de loups, ouvertes pour mordre. Oui, ce seraient les mêmes guenilles, le même tonnerre de gros sabots, la même cohue effroyable, de peau sale, d'haleine empestée, balayant le vieux monde, sous leur poussée débordante de barbares. Des incendies flamberaient, on ne laisserait pas debout une pierre des villes, on retournerait à la vie sauvage dans les bois, après le grand rut, la grande ripaille, où les pauvres, en une nuit, efflanqueraient les femmes et videraient les caves des riches. Il n'y aurait plus rien, plus un sou des fortunes, plus un titre des situations acquises, jusqu'au jour où une nouvelle terre repousserait peut-être. »[3] Dans ses brouillons il avait prévu ces scènes et leur effet : « Il faut que le lecteur bourgeois ait un frisson de terreur. »[4] La fin justifiait les moyens.

Conclusion

Par définition, dans un roman, les préoccupations de style dominent, et quand le récit possède une dimension idéologique forte, celle-ci les détermine en définitive, malgré l'origine de certains faits ou de certaines doctrines qui passent aussi dans quelques pages.

Germinal, roman d'invention, est très curieux pour celui qui s'intéresse à l'opposition entre libéralisme et socialisme. On y trouve, selon les dires de Zola, « le duel de Bakounine et de K. Marx, incarné par mes personnages »[5], et ce qui compte plus encore pour nous, c'est que ces deux socialismes Zola les a approfondi chez leurs commentateurs économistes libéraux, Leroy-Beaulieu et Laveleye notamment. Toute la partie qui concerne le socialisme se retrouve ainsi teintée de critique, de ridicule, de condamnation même, qu'il serait impossible de s'expliquer, si la lecture par Zola des économistes libéraux n'en fournissait la clé.

Toutefois, même avec les faits qu'il connaît et qu'il a lu chez les économistes, Zola les tord, en fait un usage qui correspond à la finalité qu'il s'est proposée dès le départ. Les inspirations libérales apparaissent dès lors masquées par le travail d'écriture.

---

[1] NAF 10308, f° 304
[2] NAF 10307, f° 240-241.
[3] *Germinal*, p. 392 ; Pléiade, p. 1437
[4] NAF 10307, f° 421-422
[5] NAF 10307, f° 326. — Plus loin dans ses brouillons, Zola note aussi qu'Étienne est un « collectiviste autoritaire », qu'il oppose à Rasseneur, « possibiliste », partisan des réformes, et à Souvorine, « anarchiste ».

Le mélange discret, en arrière plan, des inspirations (en partie libérales) et des ambitions (en majorité socialistes) font de ce roman un tout plus alambiqué, plus déroutant qu'on le suppose. C'est le mélange mal digéré de la pensée de toute une génération, tentée par le socialisme mais effrayée par la Commune et encore attachée, par habitude au moins, à certains fondements de la société libérale. C'est surtout le dialogue continuel entre deux traditions de pensée, entre deux représentations de la société, de l'économie, du progrès, de l'égalité et de la liberté.

La confrontation n'est pas résolue dans *Germinal*, elle y apparaît dans toute sa force, et ce socialisme qui en est supposément la conclusion, est maltraité page après page. Sous la plume de l'auteur, il n'est plus que messianisme sans substance, euphorie de violence sans but. Les socialistes y sont montrés comme ne s'entendant jamais entre eux, consumant leurs forces dans des guerres internes, et prêts à tous les sacrifices pour mettre en application le plan précis dont leur intelligence a accouché. Du côté des syndicalistes, c'est abondance d'amour-propre et carriérisme, joint à un mépris réel de l'ouvrier, qui n'apparaît que comme un marchepied pour la gloire personnelle.

Germinal est dépendant des lectures préparatoires de son auteur tout comme des conceptions préalables de celui-ci. Sans doute, si un disciple orthodoxe de Frédéric Bastiat ou de Gustave de Molinari avait conçu un roman semblable, il aurait été bien différent. Bastiat comme Molinari évoquent à plusieurs reprises dans leurs écrits la situation de l'industrie minière, ils citent même tous deux Anzin, qui est le modèle de Zola. L'explication qu'ils donnaient de la richesse abusive des propriétaires d'Anzin était cependant toute autre. Ils n'auraient pas désavoué la représentation factuelle de Zola, que l'investissement dans les mines « nourrissait à ne rien faire », berçant les propriétaires « dans leur grand lit de paresse, les engraissant à leur table gourmande »[1], mais eux ajoutaient cependant à cette observation une explication rationnelle, à savoir le rôle de l'État dans l'agglomération des fortunes minières. Dans son étude sur l'histoire du tarif des douanes, Molinari démontrait que la richesse exceptionnelle des propriétaires d'Anzin était due à la protection douanière dont ils bénéficiaient.[2] À la même époque, Bastiat tournait en ridicule les diatribes protectionnistes qui aboutissaient à donner milliards sur milliards aux « pauvres actionnaires d'Anzin ».[3] Cette explication là des richesses des propriétaires de mines n'a pas trouvé place dans *Germinal* : l'eût-elle fait qu'on aurait pu tenir entre nos mains un véritable roman libéral, le plus grand, peut-être, de notre littérature.

Benoît Malbranque

---

[1] *Germinal*, p. 112 ; Pléiade, p. 1190
[2] *La revue nouvelle*, 1847, vol. XIII, p. 254.
[3] *Sophismes économiques*. — *Œuvres complètes*, tome IV, p. 50.

Les bienfaits de la concurrence en matière de religion

par Henri Basnage de Beauval

(extrait de : Basnage de Beauval, *Tolérance des religions*, 1684, p. 64-68.)

L'ignorance est le premier fruit de la paix. Car l'esprit de l'homme est encore plus paresseux que son corps, la nature est ennemie du travail, et l'amour-propre fuit les inquiétudes et cherche le repos. Ainsi pour rompre les liens de l'amour-propre et de la nature et se porter au travail il faut que l'homme fasse des efforts sur soi-même, et qu'il soit piqué par le désir de la gloire et de la récompense. Quand les pasteurs n'ont d'autre emploi que de gourmander les vices, de faire la guerre au luxe, et de censurer la conduite de quelques particuliers, ces vulgaires occupations ne leur paraissant pas d'un assez grand éclat, le zèle se relâche, l'esprit et le mérite languissent et s'endorment dans le repos comme le feu s'éteint quand on ne lui fournit plus de matière pour l'entretenir. Le soldat oublie sa valeur, et laisser enrouiller ses armes dont l'usage est inutile, et le courage qui ne cherche la gloire qu'au prix du sang et des hasards qu'elle coûte, s'amollit pendant la paix ; mais la guerre forme les héros, elle les endurcit au travail, elle les fait arriver à la gloire, et elle rehausse l'éclat et la beauté de ces illustres vertus qui ne reçoivent leur lustre que de la poussière et du sang, que la mollesse du repos avait étouffées. Le pilote oublie son expérience pendant le calme et la bonace, ce sont les tempêtes qui l'instruisent, et ce sont les orages qui le rendent habile dans cet art si hasardeux.

De même quand l'Église n'a point d'ennemis à repousser, et qu'elle vogue sur une mer tranquille, personne ne pense à se préparer au combat, ni à marquer les écueils où l'on se pourrait briser pendant l'orage. L'Église tombe nécessairement dès qu'elle s'imagine qu'elle ne peut plus tomber, sans doute par la négligence qui suit cette préoccupation, car on ne songe guère à approfondir les matières de la religion que personne ne conteste. On néglige l'étude de ces beaux ouvrages qui ont fait autrefois le triomphe de l'Église comme des choses inutiles dans la paix et l'on voit mourir peu à peu l'amour des sciences parce que le danger et la gloire sont l'aiguillon qui l'excite ; enfin le pilote s'endort sur le timon de son vaisseau qui n'a plus de besoin de son adresse et de sa vigilance. Mais quand le vaisseau de l'Église est battu des vents et de l'orage et que l'ennemis presse, le pilote jette la main sur le gouvernail, et chacun prend les armes pour courir à la brèche, le zèle redouble dans le péril comme la nature redouble l'ardeur du feu pendant la violence de l'hiver, on fait revivre les belles lettres et l'on cultive les sciences comme des remèdes contre l'erreur, on consulte les écritures, et l'on retourne aux pères et aux conciles, en un mot c'est ce qui a produit ces miracles de savoir et d'éloquence qui ont tant fait d'honneur à leur siècle, et qui sont encore des flambeaux qui éclairent à toute la postérité. Au reste cela est fondé sur l'expérience de tous les siècles, car sans entrer dans le détail de toute l'histoire, le siècle d'Arius dont l'hérésie est celle de toutes qui a fait le plus de fracas dans l'Église, a été le plus fertile en grand génies, et si l'on veut mettre la réformation dans ce rang, le siècle où elle a paru a plus produit d'hommes extraordinaires que les plus heureux temps de l'Église.

Ainsi l'on peut dire que les hérésies sont d'utiles ennemis et qu'elles sont dans l'ordre de Dieu pour l'avantage de son Église. Ce sont comme des aiguillons qui excitent la diligence des pasteurs, ou comme des coups de marteau qui les tirent d'un profond sommeil, ou si l'on veut comme les hurlements du loup qui font reprendre aux bergers la houlette qu'ils avaient abandonnée, qui les obligent à veiller sur leurs brebis de peur que le loup ne les ravisse, et à revenir auprès de leurs troupeaux dont ils avaient négligé la conduite par trop de sécurité.

Or si la paix traîne l'ignorance avec elle, l'on peut ajouter que la corruption des mœurs et la superstition marchent avec l'ignorance et qu'elles en sont inséparables parce qu'elles cherchent le silence et l'obscurité. L'ignorance est la cause de la plupart des maux qui affligent le genre humain. Elle aveugle les hommes de telle sorte qu'ils bronchent à chaque pas sans voir ce qui est à leurs pieds et que ne voyant pas le danger qui est proche, ils en craignent un éloigné. C'est à la faveur des troubles que l'erreur s'avance, et que le vice impuni prend de profondes racines. C'est pendant la nuit que le larron perce la maison, et pendant que les hommes dorment que l'ennemi sème l'ivraie. Quand les bergers ignorent où sont les pâturages, et que les guides ne savent pas où est le chemin, il est impossible que les peuples ne s'égarent en mille manières.

Changements opérés dans le climat par les défrichements

par Volney

(*Tableau du climat et du sol des États-Unis d'Amérique*, 1803, chapitre XI. — Extrait.)

Depuis quelques années on a généralement fait la remarque, aux États-Unis, qu'il s'opérait dans le climat des changements partiels très sensibles et qui se manifestaient en proportion des défrichements, c'est-à-dire du déboisement des lieux. « Dans tout le Canada, dit Liancourt, l'on observe que les chaleurs de l'été deviennent plus fortes et plus longues, et les froids de l'hiver plus modérés. » — Dès 1749, le docteur Peter Kalm avait recueilli le même fait. En 1690, Lahontan écrivait : « Je partis de Québec, et je fis voile le 20 novembre ; ce qui ne s'était jamais vu auparavant. » Et en effet, les registres du commerce constatent, comme je l'ai déjà dit, que vers 1700, les assurances pour la sortie des eaux du Saint-Laurent, étaient closes au 11 novembre, et maintenant elles ne le sont qu'au 25 décembre.

L'historien de Vermont, M. S. Williams, cite une foule de faits à l'appui de ce phénomène : « Lorsque nos ancêtres, dit-il[146], vinrent en *New-England*, les saisons et le temps étaient uniformes et réguliers : l'hiver s'établissait vers la fin de novembre et continuait jusqu'à la mi-février. Pendant cette durée, il régnait un froid clair et sec, sans beaucoup de variation. L'hiver finissait avec février ; et lorsque le printemps arrivait, il venait tout à coup et sans nos variations brusques et réitérées du froid au chaud et du chaud au froid. L'été était très chaud, étouffant ; mais il était borné à six semaines : l'automne commençait avec septembre : toutes les récoltes étaient closes à la fin du mois. Aujourd'hui cet état de choses est très différent dans la partie de la *Nouvelle-Angleterre*, habitée depuis lors : les saisons sont totalement changées ; le temps est infiniment plus variable ; l'hiver est devenu plus court, et interrompu par des dégels subits et forts. Le printemps nous donne une fluctuation perpétuelle du froid au chaud, du chaud au froid, extrêmement fâcheuse à toute la végétation : l'été a des chaleurs moins violentes, mais elles sont plus prolongées ; l'automne commence et finit plus tard ; et les moissons ne sont achevées que dans la première semaine de novembre : enfin, l'hiver ne déploie sa rigueur qu'à la fin de décembre. »

Tel est le tableau curieux de la partie nord.

Pour les États *du milieu*, le docteur *Rush* présente en Pennsylvanie des faits parfaitement semblables [147]. « Selon nos vieillards, dit-il, le climat a changé. Les printemps sont plus froids ; les automnes plus longues, plus chaudes ; les bestiaux paissent un mois plus tard : les rivières gèlent plus tard, et restent moins longtemps scellées, etc. »

Dans la Virginie, M. Jefferson (p. 17) dit également : « Il paraît qu'il se fait un changement très sensible dans notre climat. Les chaleurs ainsi que les froids sont moindres qu'autrefois, au rapport de personnes qui ne sont pas encore fort âgées : les neiges sont fréquentes, moins abondantes. »

Enfin moi-même, dans tout le cours de mon voyage, tant sur la côte atlantique que dans le pays d'ouest, j'ai recueilli les mêmes témoignages : sur l'Ohio, à Gallipolis, à Washington de Kentucky, à Francfort, à Lexington, à Cincinnati, à Louisville, à Niagara, à Albany, partout l'on m'a répété ces mêmes circonstances ; *des étés plus longs, des automnes plus tardives, et les récoltes aussi retardées ; des hivers plus courts, des neiges moins hautes, moins durables, mais non pas des froids moins violents* ; et dans tous les nouveaux établissements l'on m'a dépeint ces changements non comme graduels et progressifs, mais comme rapides et presque subits, proportionnés à l'étendue des déboisements.

Un mouvement sensible dans le climat des États-Unis est donc un fait hors de contestation ; et lorsqu'après en avoir fourni les preuves, le docteur Rush, frappé de la rigueur de plusieurs hivers depuis huit ans, élève des doutes sur les récits des anciens, sur la précision de leurs observations, faute de thermomètres, ces doutes disparaissent devant la multitude des témoignages et des faits positifs. La cause de ce changement, sans avoir un égal degré d'évidence et de certitude, en a cependant un de vraisemblance capable d'obtenir l'assentiment. L'opinion de M. Williams, qui l'attribue au déboisement du sol et aux grandes clairières que les défrichements ont ouvertes dans les forêts, me paraît d'autant plus raisonnable qu'elle explique le fait par l'analyse de ses circonstances.

« Dans tout canton, dit-il[148], où l'on abat les bois pour établir la culture, l'air et la terre subissent en deux et trois ans des changements considérables de température : à peine le colon a-t-il éclairci quelques arpents de la forêt, que la terre exposée à toute l'ardeur des rayons solaires s'imprègne à dix pouces de profondeur, d'une chaleur plus forte de 10 à 11° de Fahrenheit (5 de Réaumur) que le terrain qui est couvert de bois. » M. Williams a déduit cette évaluation de quelques expériences qu'il a pratiquées en cette vue. Ayant plongé le 23 mai 1789 deux thermomètres, l'un dans le sol d'un champ cultivé et nu, l'autre dans le sol de la forêt ou bois environnant, même avant que les feuilles fussent écloses, tous les deux à dix pouces de profondeur, il trouva :

Époq. de l'obs.		Chal. dans le ch.		Chal. dans la for.		Différence.	
		Fah.	Ré.	Fah.	Ré.	Fah.	Ré.
Mai.	23	50	9¼	46	6½	4	2¾
	28	57	11⅓	48	7⅓	9	4
Juin.	15	64	14½	51	8½	13	6
	27	62	13½	51	8½	11	5
Juillet.	16	62	13½	51	8½	11	5
	30	65½	15	55½	10¼	10	5¼
Août.	15	68	16⅓	58	11⅔	10	4⅔
	31	59½	12½	55	10½	4½	2
Sept.	15	59½	12½	55	10½	4½	2
Octob.	1	59½	12½	55	10½	4½	2
	15	49	7⅔	49	7⅔	0	0
Novemb.	1	43	5	43	5	0	0
	16	43½	5⅙	43½	5⅙	0	0

D'où il résulte qu'en hiver la température du sol couvert et celle du sol découvert, se trouvent au même degré de froid ; mais en été la différence devient d'autant plus grande que la chaleur de l'air est plus forte ; ce qui coïncide très bien, 1° avec la remarque d'*Umfreville*, qui dit qu'à la baie de *Hudson*, la terre, aux endroits découverts, dégèle de 4 pieds, et seulement de 2 pieds sous les bois ; 2° avec celle de Belknap, qui rapporte que dans le New-Hampshire, la neige disparaît des champs cultivés dès le mois d'avril, parce que le soleil a déjà assez de force vers midi pour la fondre ; mais qu'elle persiste jusqu'en mai dans les lieux boisés, quoique sans feuilles, où elle est protégée par l'ombre des branches, des troncs, et la fraîcheur générale de l'air. Cela rend encore très bien raison de l'ancien état des choses exposé par M. Williams, c'est-à-dire, de la durée des hivers, alors plus égale et plus longue, et des neiges plus abondantes et plus hautes qu'aujourd'hui.

Or, continue cet observateur, « les 10° (4½ R.) de chaleur ajoutés au sol découvert, se communiquent à l'air qui est en contact. » — Et j'ajoute que par cela même, cet air échauffé se lève de suite, et fait place à un autre latéral venant des bois, ce qui augmente considérablement la masse d'air chaud.

« 2° Le déboisement cause l'évaporation des eaux et le desséchement du terrain, ainsi que l'on en fait journellement la remarque dans toutes les parties des États-Unis où des ruisseaux se tarissent, et où des marais et swamps sont mis à sec.» — Raison nouvelle de diminution de fraîcheur et d'accroissement de chaleur dans l'atmosphère.

« 3° Le déboisement causé la diminution très sensible de la durée et de l'abondance des neiges, qui couvraient, il y a moins d'un siècle, toute la Nouvelle-Angleterre, pendant trois mois non interrompus, c'est-à-dire, depuis les premiers jours de décembre jusqu'aux premiers jours de mars ; et tel est encore le cas de la partie boisée, tandis que maintenant, dans la partie cultivée, elles ne sont ni aussi durables, ni aussi hautes, ni aussi continues.

« 4° Enfin, il y a dans les vents », continue M. Williams, « un changement très marqué : l'ancienne prédominance des vents d'ouest paraît diminuer chaque jour, et les vents d'est gagnent en fréquence et en étendue de domaine. Il y a cinquante ans, à peine pénétraient-ils à trente ou quarante milles du rivage de la mer (dix à treize lieues) ; maintenant ils se font sentir très souvent au printemps, à soixante milles, et même jusqu'à nos montagnes distantes de soixante-dix et quatre-vingts milles (vingt-sept lieues) de l'Océan. L'on s'aperçoit fort bien qu'ils avancent exactement à mesure que le pays se défriche et se déboise. » — Ce qui vient encore de ce que le sol découvert, étant plus échauffé, attire mieux ou admet plus facilement l'air de la côte atlantique.

M. Jefferson cite un fait parfaitement semblable en Virginie : « Les brises de l'est et du sud-ouest[149] », dit-il, page 10, « paraissent pénétrer par degrés plus avant dans le pays... Nous avons des habitants qui se souviennent du temps où elles ne passaient pas *Williams-burg* ; — maintenant elles sont fréquentes à Richmond (soixante milles plus loin), et elles se font sentir de temps en temps jusqu'aux montagnes. À mesure que les terres se défricheront, il est probable qu'elles s'étendront plus loin dans l'ouest. »

Il faut donc attribuer le changement qui s'opère dans le climat des États-Unis à deux circonstances majeures, 1° au déboisement du sol, et aux clairières percées dans la forêt continentale, lesquels produisent une masse d'air chaud qui s'augmente chaque jour.

2° À l'introduction des vents chauds par ces clairières ; ce qui dessèche plus rapidement le pays et échauffe davantage l'atmosphère : par conséquent il se passe en Amérique ce qui a lieu dans notre Europe, et sans doute dans l'Asie et dans tout l'ancien continent, où l'histoire nous représente le climat comme beaucoup plus froid jadis qu'il n'est aujourd'hui. Horace et Juvénal nous parlent des glaces annuelles du Tibre, qui maintenant ne gèle jamais. Ovide nous peint le Bosphore de Thrace sous des traits que l'on ne reconnaît plus ; la Dacie, la Pannonie, la Crimée, la Macédoine même, nous sont représentées comme des pays de frimas égaux à ceux de Moscow, et ces pays nourrissent maintenant des oliviers et produisent d'excellents vins : enfin notre Gaule, du temps de César et de Julien, voyait chaque hiver tous ses fleuves glacés de manière à servir de ponts et de chemins pendant plusieurs mois ; et ces cas sont devenus rares et de bien courte durée[150].

Néanmoins, je ne puis partager l'opinion de M. Williams sur la diminution qu'il suppose être arrivée dans l'intensité du froid depuis le siècle dernier. Quelque plausible que soit son raisonnement pour prouver que le froid de 1633, avec les mêmes accidents, fut plus fort que celui de 1782, et qu'ils furent tous deux le *maximum* connu, ce raisonnement n'est qu'une hypothèse qui ne peut suppléer au défaut d'observation thermométrique en l'année 1633. (Les thermomètres n'ont été usités en Amérique que vers 1740.) L'on a surtout le droit de récuser son hypothèse, si, comme je crois l'avoir prouvé, le vent de nord-ouest est l'agent radical du froid sur ce continent : rien n'indique que le caractère de cet agent ait dû changer ; l'on est de plus autorisé à nier cette diminution d'intensité du froid à raison de l'analogie d'une expérience précise du docteur Ramsay. Ce médecin ayant comparé les observations du docteur Chalmers, continuées de 1750 à 1759 avec les siennes propres, faites de 1790 à 1794, n'a trouvé qu'un demi-degré de différence dans l'intensité du chaud : or, un demi-degré de Fahrenheit, valant moins d'un quart de Réaumur, est une si petite quantité que l'on ne peut l'attribuer qu'à la différence des instruments ; et si la chaleur qui devrait croître n'a pas varié, il est naturel de penser que le froid reste le même : il me semble donc que les seules circonstances démontrées quant à présent sont, *les hivers plus courts, les étés plus longs, les automnes plus tardives*, sans que les froids aient perdu de leur vivacité ; et c'est ce que les dix dernières années ont assez bien prouvé. M. Mackenzie[151], qui confirme les changements dont j'ai parlé, leur cherche une cause secrète et inhérente au globe, parce qu'il a vu ces changements se montrer en des lieux où le défrichement n'a pas encore eu lieu ; mais si ces lieux, qu'il ne désigne pas, se trouvent en Canada, ils viendraient eux-mêmes à l'appui de la théorie que je propose, puisqu'il suffirait que certains rideaux de bois situés sur des crêtes de montagnes et de sillons eussent été coupés en certains cantons de Kentucky et de Genesee, pour que des courants considérables du vent de sud-ouest se fussent introduits dans l'intérieur du haut et bas Canada. L'on n'a point jusqu'à nos jours donné assez d'attention à cette marche des courants aériens qui vont rasant la terre, ni aux effets qui en résultent ; mais l'expérience et l'observation finiront par prouver qu'ils jouent dans les températures locales comme dans les températures générales, un rôle bien plus influent qu'on ne l'a pensé[152]. D'ailleurs, je ne conteste point la possibilité de toute autre cause qui, comme à M. Mackenzie, me serait inconnue.

Une question d'un intérêt plus grand, est de savoir si le climat des États-Unis s'est amélioré par ces changements ; et cette question se trouve presque résolue par la comparaison que M. Williams a présentée de l'état actuel à l'état ancien, ce qui n'est pas le côté le plus favorable. Malheureusement les observations des médecins confirment ce résultat : le docteur Rush, dont les recherches sur le climat de Pennsylvanie sont le fruit d'une correspondance étendue avec ses confrères, ne peut s'empêcher de déclarer « que les fièvres bilieuses suivent partout l'abatis des bois, le défrichement des terrains, le desséchement des marécages (*swamps*) ; qu'il faut plusieurs années de culture pour les faire disparaître ou les atténuer ; — que les pleurésies et autres maladies purement inflammatoires, qui jadis étaient presque les seules, sont maintenant bien moins communes ; ce qui prouve une altération évidente dans la pureté de l'air alors plus oxygéné, etc. »

Notes

[146] History of Vermont, pag. 64 et suiv.

[147] Voyez plusieurs Mémoires de ce médecin, dans l'American Musæum, tome VI et VII. Dans ce même tome VII, un Mémoire sur le climat de New-York, confirme pour ce pays les mêmes résultats.

[148] History of Vermont, pag. 61, 62, 63.

[149] Je pense qu'il y a erreur d'impression ou de traduction : ce doivent être les brises de l'est et de sud-est.

[150] Si depuis 1795 l'on éprouve en France une nouvelle altération dans la température des saisons et dans la nature des vents qui la produisent, j'oserais dire que c'est parce que les immenses abattis et dégâts de forêts, causés par l'anarchie de la Révolution, ont troublé l'équilibre de l'air et la direction des courants ?

[151] Tome III, page 339.

[152] Par exemple, c'est eux qui font que certains cantons sont constamment affectés de grêles ou de tonnerres, tandis qu'à une demi-lieue de là, le pays en est habituellement exempt.

Spoliateurs ou producteurs

Le débat sur la Noblesse commerçante au XVIIIe siècle

Christian Cheminade, *Noblesse commerçante contre noblesse militaire. Une querelle des Lumières (1756-1759),* **éditions Classiques Garnier, septembre 2021, 372 pages.**

Une liberté qui ne fait plus débat, et dont on jouit sans y penser, n'inspire rien, et n'est habituellement pas grandement documentée. Le débat furieux sur la « noblesse commerçante », dont les contributions majeures de l'abbé Coyer et du chevalier d'Arcq viennent d'être rééditées dans une édition savante par Christian Cheminade, aux éditions Classiques Garnier, en fournit une illustration digne d'attention.

Nous souvenons-nous même qu'il fut un temps où la société toute entière était fondée sur de toutes autres bases, et où, pour reprendre les descriptions fameuses fournies par Frédéric Bastiat ou par Charles Comte, elle reposait, non sur l'échange, l'industrie, et la production, mais sur la rapine, la guerre, et la spoliation ? À cette époque les richesses mal acquises étaient les seules qui puissent conduire à la gloire : on était admiré en entrant à Rome (et plus tard à Versailles) lorsqu'on y ramenait le produit matériel des conquêtes, et une liste rallongée de peuples asservis. *Être noble*, signifiait participer à la conquête violente de butins, et *vivre noblement*, augmenter le patrimoine de l'État par la guerre. Un homme qui aurait cessé de se faire pilleur et violenteur, pour rentrer dans la classe des productifs, en exerçant quelque art utile, aurait perdu son titre : préférer la production à la spoliation s'appelait *déroger*.

Cet état de société, qui dura plusieurs millénaires, était né de la transformation de la vie sauvage, fondée elle aussi sur la violence ; elle aurait pu durer encore, si les enfanteurs de la société nouvelle n'y avaient pas donné la main, et abattu tel un grand arbre les fondations illibérales de la société d'Ancien régime.

Dans ces efforts, des centaines d'individus ont concouru à l'œuvre commune, et l'intrication de leurs contributions n'est pas sans peiner et embarrasser l'historien. La *Noblesse commerçante* de l'abbé Coyer reste toutefois l'une des œuvres les plus dignes d'attention. Voici un auteur qui, nourri par les écrits de quelques authentiques économistes libéraux, tels que Vincent de Gournay, attaque frontalement cette folie selon laquelle commercer, pour un noble, c'est déroger, et que la seule vraie noblesse est celle des armes.

Il prépare aussi, d'un même mouvement, la confusion et la dissolution des ordres traditionnels, et l'avènement d'une société sans état, sans strate rigide, que la Révolution française aura la tâche de produire. À partir de la nuit du 4 août 1789, la question de la noblesse commerçante trouvera une réponse fameuse, et on lira alors, dans un texte fondamental, que « tous les citoyens, sans distinction de naissance, pourront être admis à tous les emplois et dignités ecclésiastiques, civiles et militaires et nulle profession utile n'emportera dérogeance. » (Décret du 11 août 1789 relatif à l'abolition des privilèges, article 11). Plus tard encore, les industrialistes s'opposeront à Napoléon, affichant leur préférence pour les valeurs de l'industrie, et la fin de la civilisation fondée sur la guerre.

En 1756, la *Noblesse commerçante* se fondait sur les argumentaires libéraux de certains bons esprits, comme Vincent de Gournay, dont l'abbé Coyer participait ainsi à diffuser les idées. Le succès de cette plainte libérale, contre la société d'ordres, fut immense, et le bruit qu'il produisit est illustré par les commentaires dans les journaux de l'époque et par le nombre des éditions. Aux yeux des authentiques libéraux du temps, c'était une victoire. Le marquis d'Argenson, l'ayant lu, dira : « J'en ai été charmé » (*Mémoires et journal inédit*, édition Jannet, vol. 5, p. 135)

À partir de 1756, la controverse grandit, et les réponses se multiplièrent. Christian Cheminade a fait le choix d'inclure dans sa réédition la réponse du chevalier d'Arcq, qui au fond est assez médiocre, mais qui permet de bien se représenter le climat intellectuel dans lequel ces questions sont agitées, et la force des intérêts et des préjugés qu'il s'agissait de vaincre.

Cette édition très méticuleuse, et qui s'ouvre sur une longue introduction, représente un accomplissement très méritoire, qui rend un vrai service pour le progrès de l'histoire des idées.

Benoît Malbranque

www.ingramcontent.com/pod-product-compliance
Lightning Source LLC
Chambersburg PA
CBHW081104240526
45465CB00026B/3319